실전 ✚ 수능
고쟁이

핵심문항으로 부족함 없이!

체계적인 학습 솔루션, 빠르고 확실하게!

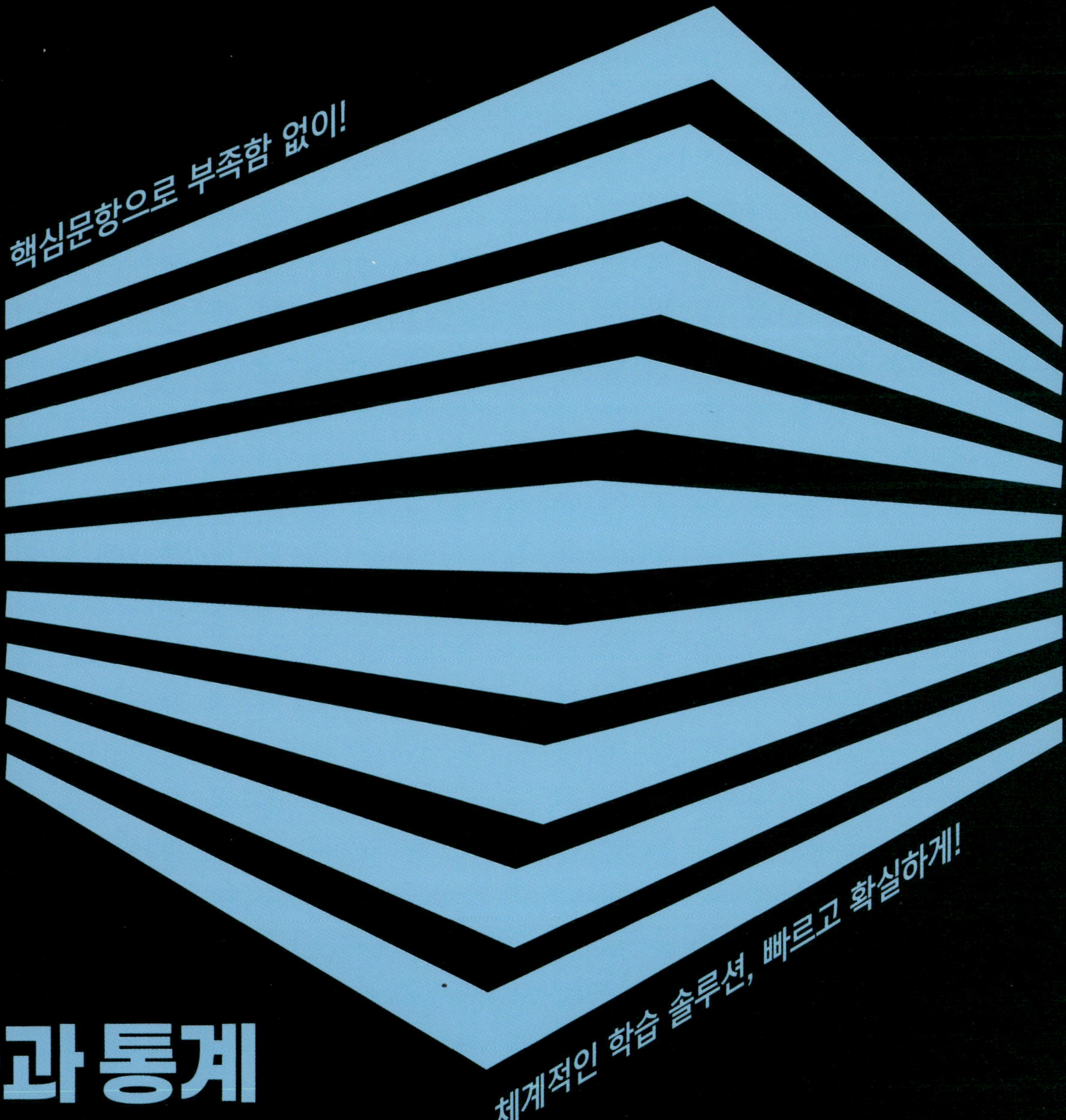

확률과 통계

| STAFF |

발행인 정선욱
퍼블리싱 총괄 남형주
개발 김태원 김한길 이유미
기획·디자인·마케팅 조비호 김정인 framewalk
유통·제작 서준성 신성철

| 집필 |

이투스북 수학연구실

실전+수능 고쟁이 확률과 통계 | 202112 제1판 1쇄   202312 제1판 2쇄
펴낸곳 이투스에듀㈜ 서울시 서초구 남부순환로 2547
고객센터 1599-3225   **등록번호** 제2007-000035호   **ISBN** 979-11-389-0216-8 [53410]

이애희 부평 해법수학교실
이원재 이루다교육학원
이필규 엠베스트SE학원
임지우 자유자재학원
장영철 동산고등학교
장효근 유레카수학학원
전우진 인사이트수학학원
정대웅 전문과외
정윤교 온풀이수학1관학원
정은영 밀턴수학학원
정은혜 비상영수학원
정혜진 잇올스파르타 인천청라센터
조민관 서이학원
지엉환 이능수학학원
채수현 밀턴수학학원
최경수 코다에듀
최문경 영웅아카데미
최 진 절대학원
최 훈 수학의시선
추승형 무결 수학학원
한영진 전문과외
허진선 수학나무
현미선 써니수학
홍창우 인성여자고등학교
황면식 늘품과학수학학원

대구

강민영 선재학원
강민주 T.O.P.EDU
강민지 용산김샘학원
구정모 함지고등학교
구현태 나인쌤수학전문학원
권기현 이렇게좋은수학
권보경 수%수학
김동영 통쾌한수학교습소
김득현 차수학 사월보성점
김미소 에스엠과학수학학원
김성민 업앤탑수학과학학원
김수영 봉덕 김쌤수학
김연화 업앤탑수학과학학원
김영진 정앤진학원
김재홍 경일여자중학교
김채영 학문당입시수학
김한서 한수학학원
김혜빈 대원고등학교
문윤정 능인고등학교
박경득 파란수학
박나영 믿음수학학원
박산성 Venn수학
박원철 경원고등학교
박준혁 PNK수학교습소
박태호 프라임수학
박현주 Math플래너
백태민 송원학원
손혜진 인피니티수학학원
양강일 양쌤수학학원
오예운 오쌤수학
유화진 진수학
윤기호 샤인수학
윤선하 윤쌤수학
윤태권 브라운학원
이규철 조은수학
이상범 Math플래너

이우승 이우승수학전문학원
이은주 전문과외
이인호 본투비수학교습소
이진욱 시지이룸수학학원
이태형 가토수학과학학원
이한조 닥터엠에스수학과학
장두영 가토수학과학학원
장세완 장선생수학
장재홍 수학연구소
장현정 남산고등학교
전지영 전지영수학
정민오 J.STEADY수학
주기헌 경원고등학교
진국령 업앤탑수학과학학원
최대진 엠프로수학
최영성 페르마학원
최현정 MQ멘토수학
하태호 월성 이투스수학학원
황지현 와드제스트수학학원

광주

강승완 첨단시매쓰수학학원
김광현 한수위수학학원
김국진 김국진짜학원
김나형 원탑영수전문학원
김수홍 김수홍수학학원
김원진 메이블수학
김재현 김재현수학학원
김종민 하이퍼수학
김태완 루트원수학학원
나혜경 고수학
류창암 멘토영수학원
마채연 마채연수학전문학원
문정연 수학의정석
박상현 유베스트학원
배진문 광주양산학원
변석주 유클리드아카데미
설주홍 공신수학학원
손광일 송원고등학교
손영준 G1230 오치캠퍼스
신성호 신성호수학공화국
양귀제 양선생수학전문학원
양동식 1등급수리수학원
이강우 대치공감학원
이요한 제일수학학원
이주현 리얼매쓰수학전문학원
이헌기 보문고등학교
임태관 매쓰멘토수학학원
장민경 장민경플랜수학학원
장영진 공감학원
정다원 광주인성고
정다희 다희쌤수학
정원섭 수리수학학원
정태규 가우스수학전문학원
정형진 BMA롱맨영수학원
정희현 현수학
조윤환 문성중고등학교
조은영 전문과외
천슬기 페르마수학학원
최수연 538수학학원
최지웅 매쓰피아

대전

강유식 연세제일학원

강은옥 셀파5단지공부방
강흥규 최강학원
고지훈 지적공감학원
김근아 닥터매쓰205
김기범 경일학원
김기평 둔산필즈학원
김복응 더브레인코어학원
김승환 청운학원
김윤화 나래수학
김윤환 양영학원
김지현 파스칼대덕학원
김 진 발상의전환수학전문학원
김홍철 토브수학교습소
나효명 열린아카데미입시학원
박연실 빅마수학
박진수 양영학원
배용제 L&K한울학원
배지후 다빈치영재입시센터
서민재 종로엡스쿨학원
선진규 로하스학원
손일형 둔산 손일형수학
송정은 달곰수학공부방
송진협 전문과외
양상규 생각의힘수학학원
우현석 에이투지학원
윤석주 윤석주수학전문학원
이규영 쉐마수학학원
이수진 대전관저중학교
이일녕 대전 양영학원
이지훈 이지훈수학과학
전하윤 배수근수학학원
조충현 로하스학원
차영진 연세언더우드수학
홍진국 와이즈만 대덕테크노센터

울산

권상수 호크마수학전문학원
권유혜 전문과외
김경문 크레뱅크수학학원
김민정 김민정수학
김봉조 퍼스트클래스수학영어전문학원
김영배 화정 김쌤수학과학학원
김제득 퍼스트클래스학원
나순현 물푸레수학교습소
문준호 파워영수학원
문호영 pmp영어수학전문학원
박국진 강한수학
박원기 에듀프레소종합학원
성수경 위룰수학영어학원
신현승 토모수학
안재희 안쌤수학학원
이원택 파워영수전문학원
정세은 현대청운고등학교
정운용 멘토영수학원
최규호 뉴토모수학전문학원
최영희 재미진최쌤공부방

세종

권민우 스파르타 서울대관
김영웅 새롬고등학교
김재현 세종국제고등학교
김혜림 전문과외
민관식 NCTM학원
박지연 리얼매쓰

안종훈 보람고등학교
오설향 해밀수학과학학원
윤여민 전문과외
이요한 소담고등학교
이태호 상상이상
이현아 현수학-전문과외
정유진 세종다정고등학교
허 욱 전문과외

경기

강민종 수학쉼터 수학학원
강예슬 수학의품격
강태희 한민고등학교
고안나 기찬에듀기찬수학학원
권용진 수학당
권정현 전문과외
김경민 바른길수학학원
김경진 경진수학학원
김남식 산본 파스칼수학학원
김도완 양서고등학교
김동현 JK영수수학전문학원
김미미 수학놀이터
김민성 더원수학공부방
김민정 어울림수학공부방
김민정 생각숲
김상오 리더포스학원
김상윤 막강한수학학원
김석현 G1 MATH
김선정 수공감학원
김선혜 기찬에듀기찬수학
김성은 블랙박스수학과학전문학원
김성진 수학의아침 수지캠퍼스
김세영 에스프라임학원
김소영 예스셈올림피아드
김수민 통수학학원
김양진 나무아카데미
김영빈 이든학원
김영식 수학대가
김영옥 서원고등학교
김영준 청솔수학
김용덕 매쓰토리수학제2관학원
김윤경 국빈학원
김윤재 이투스신영통학원
김은설 탑브레인수학과학학원
김은지 파스칼수학학원
김재영 한국디지털미디어고등학교
김정호 큐매쓰학원
김정환 필립스아카데미
김정훈 죽전 파인만학원
김종남 제너스학원
김종찬 김종찬입시전문학원
김종화 퍼스널개별지도학원
김종환 바른수학학원
김준석 석필학원
김지윤 광교오드수학
김진국 스터디MK
김진우 페르마수학학원
김창선 백영고등학교
김창엉 에듀포스학원
김태학 평택드림에듀학원
김현경 스카이학원
김현자 생각하는수학공간학원
김현정 더클래버수학학원

김호숙 호수학원
김호원 원수학학원
김희성 멘토수학교습소
나혜원 청북고등학교
노예리 더바른수학학원
류혜영 용신중학교
문기수 하늘아이학원
문혜연 입실론
박민주 카라Math
박상준 몬스터교육_대입몬스터
박선영 알고수학
박성우 문산제일고등학교
박성준 수원칠보고등학교
박연지 상승에듀
박영주 쉬운수학 일산
박원용 동탄트리즈솔빛나루수학학원
박장우 기찬에듀기찬수학학원
박정수 특작수학 시흥퍼펙트
박정현 서울삼육고등학교
박종필 정석수학학원
박종현 하이탑수학
박주리 수학에반하다
박주희 명인학원
박찬융 템수학
박하늘 일산후곡 쉬운수학
박한솔 Snp수학학원
박홍영 전문과외
방미영 JMI수학학원
배재준 연세영어고려수학학원
배준용 솔로몬학원
배형진 에임하이수학학원
백경주 지트
변준호 김종우ATP학원
봉우리 하이클래스공부방
서용준 와이즈만영재교육학원
서지은 JMI수학학원
서한울 수학의품격
설성환 설성수학학원
성기주 토라모리아
성혜경 배움이자라는교실수학교습소
소상완 고잔고등학교
손석운 tn학원
손승태 와부고등학교
송승은 의정부고등학교
송지수 송지수공부방
송치호 대치명인학원
송태원 맑은숲수학학원
신경성 한수학전문학원
신동휘 김덕환수리연구소
신승현 동화중고교
신정화 SnP수학학원
신지현 CEM학원
신혜선 인창유투엠
안명근 맨투맨학원
안연수 포스텍수학학원
양동연 오산 위드학원
양은진 수플러스수학
양진철 유신고등학교
어재성 수학의아침
염철호 박선생수시전문학원
오승빈 뿌리깊은나무학원
오지혜 수톡수학학원

용다혜 에듀플렉스학원
우선혜 엠코드수학
유승진 E&T수학학원
유진성 마테마티카수학학원
유현진 에이치알수학
윤여태 103동수학
이경민 차수학앤국풍2000학원
이경애 원픽수학교습소
이경희 임수학교습소
이도일 OLA수학학원
이명환 다산 더원수학학원
이봉주 성지학원
이상준 E&T수학전문학원
이성희 피타고라스 셀파수학교실
이소연 김덕환수리연구소
이소정 위즈덤수학교습소
이소진 수학의아침
이수동 부천 E&T수학전문학원
이수진 청춘날다
이아라 cni수학원
이아현 전문과외
이원녕 이퓨스터디학원
이장훈 세일학원
이재호 플로우수학
이정찬 하길중학교
이지연 브레인리그
이지인 신한고등학교
이진주 원수학학원
이창수 와이즈만
이창훈 나인에듀학원
이철호 파스칼수학학원
이태희 펜타수학학원
이현욱 teambasis덕소
이형강 HK 수학
임맑은 이지매쓰수학학원
임보람 펜토수학
임새롬 JMI수학학원
임성진 천천고등학교
임영주 해법수학학원
임우빈 2웨이수리관
임율인 탑수학교습소
임은정 마테마티카수학학원
장재영 이자경수학학원 권선관
전애진 전문과외
전은혜 청유에듀타운
전 일 생각하는수학공간학원
전진아 대치명인학원
정승호 이프수학
정연순 탑클래스
정영진 공부의자신감학원
정은선 용인필탑학원
정은주 전문과외
정장선 생각하는황소수학
정진섭 큐매쓰학원
정진욱 수원 메가스터디
정해도 목동해움수학
정황우 운정정석수학학원
조기민 연천중고등학교
조병욱 신영동수학학원
조상숙 수학의아침
조성민 유클리드수학학원
조성화 SH수학

조 욱 청산유수수학
조의상 청유에듀타운
조재욱 지니학원
조현웅 추담교육컨설팅
조형숙 차수학 서재캠퍼스
지슬기 지수학
진인수 11월의로렐학원
차성규 셀프에듀학원
채희성 이투스수학학원
최귀종 판다교육
최근혁 업앤업보습학원
최다혜 싹수학학원
최성필 서진수학
최소영 조이매쓰
최수지 싹수학학원
최수진 재밌는수학공부방
최영성 에이블수학영어
최영식 수학의신학원
최유미 파인만학원
최현미 김포고등학교
표광수 풀무질수학전문학원
한관희 에듀플렉스
한규태 김포 윤쌤학원
한미정 한쌤수학
한수민 SM수학학원
한유호 에듀셀파 독학기숙학원
한준희 매스탑수학학원
한지회 이음수학
함보연 포천여자중학교
함영호 함영호 이과전문 수학클럽
허형근 HK STUDY
현승평 화성중고등학교
홍규성 필탑학원 강의하는아이들
홍성민 수학의봄학원
홍윤기 강남에이디수학
홍의찬 원수학학원
황삼철 멘토수학공부방
황석진 낙생고등학교
황애리 애리수학교습소
황은지 맨토수학

경남
강경희 T.O.P영수학원
강병국 전문과외
강장헌 T.O.P에듀학원
강철영 티오피에듀학원
고병석 옥쌤수학과학
김두성 두성수학
김미양 오렌지클래스학원
김민석 한수위수학원
김병철 CL학숙
김양식 이투스247 진주점
김양준 이룸학원
김옥경 김해 반디수학과학학원
김해성 전문과외
김해은 전문과외
김혜송 윤선생영어숲진해웅원학원
김혜영 엠페스공부방
남준기 거제고등학교
민동록 거제민쌤수학(전문과외)
박규태 에듀탑영수학원
박상은 영광의아침국어수학학원
박소현 오름 수학전문학원

박정길 아쿰수학학원
박주연 마산무학여자고등학교
배미나 이루다학원
유인영 마산중앙고등학교
유훈희 고등부수학과외방
이근영 매스마스터수학전문학원
이아름 애시앙수학맛집
이정훈 장정미수학학원
이채윤 거창대성고등학교
전창근 엠베스트SE
조창래 한빛국제학교
하윤석 정금학원
한희광 성신학원
황진호 타임수학학원
황초롱 마산중앙고등학교

경북
공영대 늘품학원
권오준 필수학영어학원
권호준 인투학원
김득락 우석여자고등학교
김성용 이리풀수학
김재인 우석여자고등학교
민청식 종로엠스쿨
박유건 닥터박수학학원
박진성 포항제철고등학교
소효진 전문과외
손나래 이든샘영수학원
손주희 이루다수학과학
염성군 근화여자고등학교
이경하 풍산중고등학교
이민선 공감수학
이상현 인투학원
이성국 포스카이학원
정주용 문일학원
조현정 올댓수학교습소
홍영준 하이맵수학학원
홍현기 비상아이비츠학원

전남
김성문 창평고등학교
김은경 목포덕인고등학교
박미옥 폴리아학원
박진성 한가람학원
성준우 광양제철고등학교
이강화 강승학원
이유선 하이탑학원
이지현 목포제일여자고등학교
임정원 매산고등학교
진양수 목포덕인고등학교

전북
김성혁 S수학전문학원
나호진 전주한일고등학교
문승혜 이일여자고등학교
박미화 엄쌤수학전문학원
성영재 성영재수학전문학원
송시영 블루오션수학학원
안형진 청람수학
양재호 양재호카이스트학원
양형준 대들보수학학원
유현수 수학당
유혜정 수학당
윤병오 이투스247 학원
이혜상 에스수학전문학원

정용재 성영재수학전문학원
정혜승 샤인학원

충남
권오운 프라임스터디
김은배 올림피아드유투엠학원
남구현 강의하는아이들
남기현 부여여자고등학교
신경미 이지수학 수학의 힘
윤보희 충남삼성고등학교
이근영 천북중학교
이봉란 탑매쓰학원
이승엽 청운학원
이승훈 탑씨크리트교육
이은아 개념원리홍성학원
이재진 깊은수학학원
장정수 천안페르마학원
장진구 더다움학원
전성호 시너지S클래스학원
정세진 쌘뿔여중고등학교
채영미 미-매쓰공부방
최원석 명사특강
한호선 두드림영어수학학원
허영재 와이즈만 서산센터

충북
구태우 이천 비상에듀기숙학원
김대호 온수학전문학원
김동영 이름수학학원
김미화 참수학공방
김지광 노블가온수학학원
김주희 매쓰프라임수학학원
김현주 루트수학학원
박준범 충주고등학교
설세령 페르마학원
염명호 유클리드수학학원
윤성길 엑스클래스수학학원
이종무 신의한수수학학원
정수연 정수학
전병호 시매쓰학원
조선경 혜움수학
한상호 한매쓰수학전문학원㈜

강원
김선희 MDA교육
김성영 빨리강해지는수학과학학원
노명훈 노명훈쌤의알수학학원
박상윤 박상윤수학공부방
백경수 이코수학학원
오준환 초석대입전문학원
이지예 교동 에듀플렉스
전대윤 춘천 Kwon Class학원
천혜림 장은년수학전문학원
최수남 강릉 영·수 배움교실
최재현 원주 KUESB수학과학학원

제주
김지영 생각틔움수학교습소
김지현 뿌리와샘
박 찬 찬수학학원
오동조 에임하이학원
유지훈 신제주 뉴스터디
이수정 온새미로수학학원
이승환 예일분석수학
정혁진 샤iN학원

실전 + 수능
고쟁이

확률과 통계

Structure

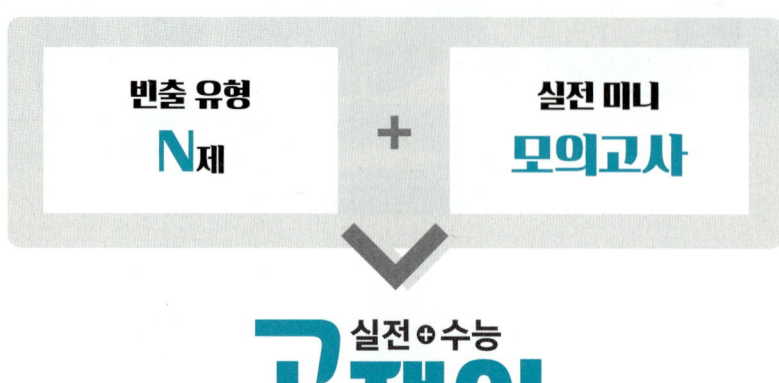

1. 유형별 핵심문제

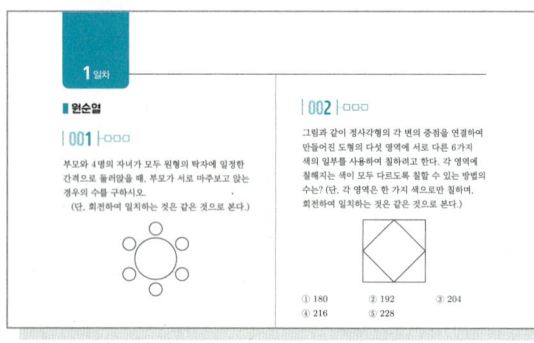

- 단원별 빈출 유형 5~11유형으로 1일 평균 3유형씩 학습 가능
  - 틀린 문항은 문항 번호 옆 Check Box를 활용하여 재도전 및 복습
- 100% 우수 신출 150문항 수록
- 고득점 쟁취의 핵심이 되는 어려운 3점, 쉬운 4점 난이도 문항 수록

2. 실전 대비 고난도 미니모의고사

- 6문항씩 10회차 구성
- 모든 회차에 수능 원점수 100점을 위한 킬러 1문항 수록

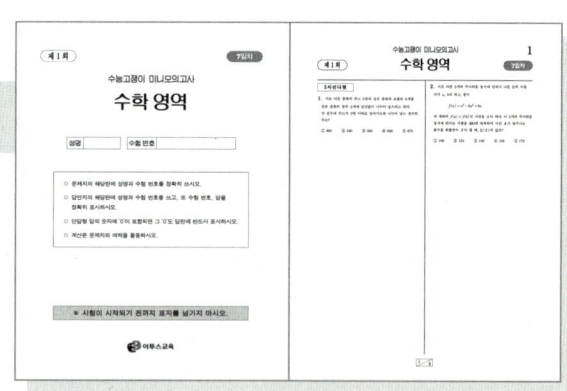

3. 정답과 풀이

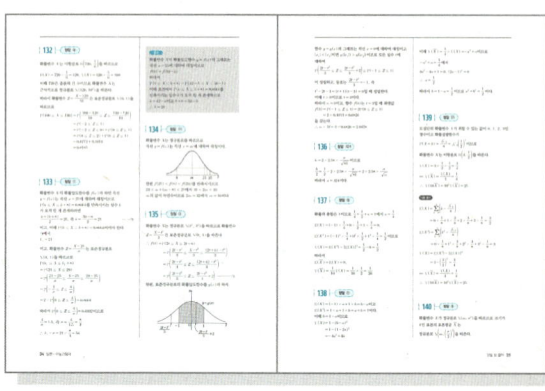

- 본풀이, 다른 풀이 등 다양한 아이디어 학습 가능
  - **기본 개념** 문제 풀이에 활용되는 핵심 개념 정리
  - **TIP** 문제 풀이의 핵심 아이디어 정리
  - **참고** 부가적이거나 심층적인 설명
- **문제 다시 보기** 실전 대비 고난도 미니모의고사 복습시 활용 가능하도록 해설지에서 문제 다시 보기 제공

Contents

I

경우의 수

■ **원순열**

| 001 | ├ □ □ □

부모와 4명의 자녀가 모두 원형의 탁자에 일정한 간격으로 둘러앉을 때, 부모가 서로 마주보고 앉는 경우의 수를 구하시오.
  (단, 회전하여 일치하는 것은 같은 것으로 본다.)

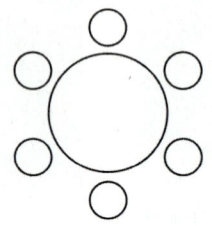

| 002 | ├ □ □ □

그림과 같이 정사각형의 각 변의 중점을 연결하여 만들어진 도형의 다섯 영역에 서로 다른 6가지 색의 일부를 사용하여 칠하려고 한다. 각 영역에 칠해지는 색이 모두 다르도록 칠할 수 있는 방법의 수는? (단, 각 영역은 한 가지 색으로만 칠하며, 회전하여 일치하는 것은 같은 것으로 본다.)

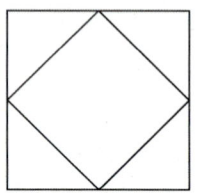

① 180   ② 192   ③ 204
④ 216   ⑤ 228

| 003 | □□□

6등분된 원판에 A, B, C, D, E의 5가지 색을 모두 사용하여 영역을 구분하려고 한다. 그림과 같이 A의 색은 이미 칠해져 있을 때, 칠해져 있지 않은 영역에 색을 칠할 수 있는 경우의 수는? (단, 한 영역에는 한 가지 색을 칠하고, 회전하여 일치하는 것은 같은 것으로 본다.)

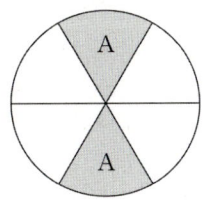

① 10   ② 12   ③ 14
④ 16   ⑤ 18

| 004 | □□□

그림과 같이 정사각형의 마주보는 두 변의 각 중점을 연결한 선분 2개를 긋고, 이 두 선분의 교점을 중심으로 하고 처음 정사각형의 네 변과 접하는 원을 그린다. 처음 정사각형의 내부에 만들어지는 8개의 영역에 서로 다른 8가지 색을 모두 사용하여 칠하려고 한다. 한 영역에 한 가지 색만을 칠할 때, 색칠한 결과로 나올 수 있는 경우의 수를 n이라 하자. $\dfrac{n}{4!}$ 의 값은?

   (단, 회전하여 일치하는 것은 같은 것으로 본다.)

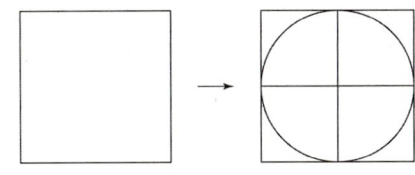

① 240   ② 300   ③ 360
④ 420   ⑤ 480

선생님 1명과 여학생 3명, 남학생 3명이 원 모양의
식탁에 일정한 간격을 두고 앉을 때, 선생님의 양
옆에 서로 다른 성별의 학생이 앉는 경우의 수는?
　　(단, 회전하여 일치하는 것은 같은 것으로 본다.)

① 432　　　② 436　　　③ 440
④ 444　　　⑤ 448

A, B, C, D의 4종류의 색은 각각 농도에 따라
1등급, 2등급, 3등급의 세 가지 등급으로 나뉘어
있다. 이 12가지의 색상 중에서 8가지의 색상을
이용하여 다음 그림과 같이 두 개의 정사각형과 두
대각선으로 나누어진 8개의 영역에 각각 하나씩
칠할 때, 다음 조건을 만족시키는 경우의 수는?
(단, 두 정사각형의 대각선의 교점은 일치하고,
회전하여 일치하는 것은 같은 것으로 본다.)

> (가) 작은 정사각형의 내부의 4개 영역은 모두
> 　　같은 등급의 색상으로 칠하고, 작은
> 　　정사각형의 외부의 4개 영역도 모두 같은
> 　　등급의 색상으로 칠한다.
> (나) 작은 정사각형의 내부와 외부로 이웃한
> 　　4쌍의 2개 영역은 서로 다른 종류의
> 　　색으로 칠한다.

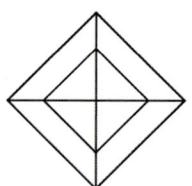

① 216　　　② 252　　　③ 288
④ 324　　　⑤ 360

| 007 ┤▢▢▢

그림과 같이 정육면체의 세 꼭짓점을 지나는
평면으로 잘라서 생긴 칠면체가 있다. 이 칠면체를
7개의 서로 다른 색으로 한 면에 한 가지씩 칠하는
방법의 수는?

  (단, 회전하여 일치하는 것은 같은 것으로 본다.)

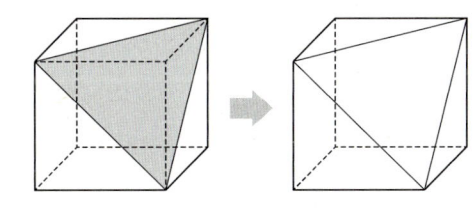

① 720   ② 840   ③ 1008
④ 1260   ⑤ 1680

| 008 ┤▢▢▢

그림과 같이 모두 합동인 8개의 작은 원의 중심이
일정한 간격으로 큰 원 위에 배열되어 있다.
8개의 작은 원에 1부터 8까지의 자연수를 하나씩
적을 때, 다음 조건을 만족시키도록 적는 경우의
수를 구하시오.

  (단, 회전하여 일치하는 것은 같은 것으로 본다.)

(가) 어느 두 짝수도 서로 이웃하지 않는다.
(나) 마주보는 두 수의 합은 항상 12 이하이다.

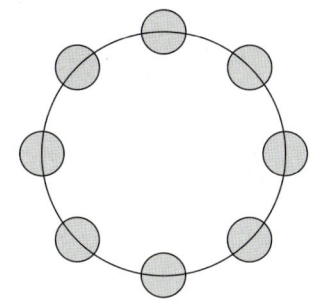

| 009 |⊦□□□

두 집합 $X = \{a, b, c\}$, $Y = \{0, 2, 4, 6, 8\}$에 대하여 함수 $f : X \to Y$ 중에서 $f(a)f(b)f(c) = 0$을 만족시키는 함수 f의 개수를 구하시오.

| 010 |⊦□□□

서로 다른 5장의 카드를 세 상자 A, B, C에 넣으려고 한다. 어느 상자에도 들어있는 카드의 개수가 4 이상이 되지 않도록 5장의 카드를 상자에 넣는 방법의 수는? (단, 빈 상자가 있을 수 있다.)

① 190 ② 200 ③ 210

④ 220 ⑤ 230

011 ┠□□□

집합 $X = \{1, 2, 3, 4, 5\}$에 대하여 함수
$f : X \rightarrow X$가 $f(f(1)) = 5$를 만족시킨다.
함수 f의 개수를 구하시오.

012 ┠□□□

서로 다른 꽃 6송이를 4개의 꽃병 A, B, C, D에
꽂으려고 한다. 꽃병 A에 적어도 3송이 이상의
꽃을 꽂는 경우의 수를 구하시오.
(단, 꽃을 하나도 꽂지 않는 꽃병이 있을 수 있다.)

| 013 |├─□□□

집합 $X = \{1, 2, 3, 4, 5\}$에 대하여 다음 조건을 만족시키는 함수 $f : X \to X$의 개수는?

> (가) 함수 f의 치역의 원소의 개수는 3이다.
> (나) 4 이하의 모든 자연수 n에 대하여
> $f(n) \neq f(n+1)$이다.

① 360 ② 380 ③ 400
④ 420 ⑤ 440

| 014 |├─□□□

다음 조건을 만족시키는 두 집합 A, B의 모든 순서쌍 (A, B)의 개수는?

> (가) $A \cup B = \{1, 2, 3, 4, 5, 6\}$
> (나) $\{1, 2\} \subset (A \cap B) \subset \{1, 2, 3, 4\}$

① 30 ② 32 ③ 34
④ 36 ⑤ 38

같은 것이 포함된 순열

| 015 | ┤□□□

세 수 1, 2, 3을 중복 사용하여 네 자리의 3의 배수를 만들 때, 1이 적어도 하나 포함되어 있는 자연수의 개수는?

① 16   ② 18   ③ 20

④ 22   ⑤ 24

| 016 | ┤□□□

각 자리의 수의 곱이 1000이 되는 다섯 자리 자연수의 개수는?

① 20   ② 30   ③ 40

④ 50   ⑤ 60

017 ┤□□□

집합 $X = \{1, 2, 3\}$에서
집합 $Y = \{1, 2, 3, 4, 5\}$로의 함수 중에서

$$f(1) + f(2) + f(3) = 7$$

을 만족시키는 함수 f의 개수는?

① 7   ② 10   ③ 12
④ 15   ⑤ 21

018 ┤□□□

집합 $X = \{1, 2, 3, 4\}$에서 X로의 함수 중에서

$$f(1) \times f(2) \times f(3) \times f(4) = 8$$

을 만족시키는 함수 f의 개수는?

① 10   ② 12   ③ 14
④ 16   ⑤ 18

| 019 |□□□

세 문자 a, b, c가 각각 1개, 2개, 3개 있다. 이 중에서 4개의 문자를 택하여 일렬로 배열하는 경우의 수는?

① 29　　　② 32　　　③ 35

④ 38　　　⑤ 41

| 020 |□□□

3개의 칸 A, B, C로 구성된 책꽂이에 서로 다른 4권의 책을 꽂으려고 한다.

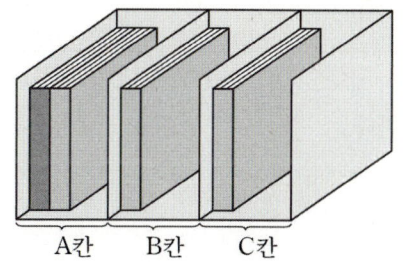

A칸　　B칸　　C칸

각 칸에는 4권의 책을 모두 꽂을 수도 있고, 1권의 책도 꽂지 않은 칸이 있을 수도 있다. 이 책꽂이에 서로 다른 4권의 책을 꽂는 경우의 수는? (단, 각 칸에 책을 꽂을 때에는 책을 반듯이 세워서 왼쪽에 붙이고, 각 칸에 책이 꽂힌 순서를 고려한다.)

① 240　　　② 300　　　③ 360

④ 420　　　⑤ 480

네 문자 a, b, c, d 중에서 중복을 허락하여 4개를 택해 일렬로 나열할 때, 다음 조건을 만족시키는 경우의 수는?

각각의 문자는 선택하지 않거나 두 번 이상 선택한다.

① 40   ② 41   ③ 42
④ 43   ⑤ 44

그림과 같이 직사각형 모양으로 연결된 도로망이 있다. 이 도로망을 따라 A 지점에서 출발하여 B 지점까지 최단거리로 가는 경우의 수를 구하시오.

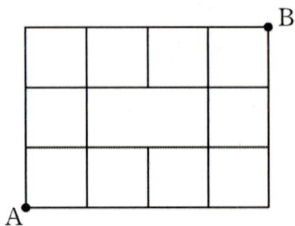

| 023 | □□□

1, 2, 3을 중복 사용하여 다섯 자리 자연수를 만들 때, 13122와 같이 3의 배수인 자연수의 개수를 구하시오.

| 024 | □□□

그림과 같은 모양의 도로망이 있다. 지점 A에서 출발하여 지점 B까지 도로를 따라 최단거리로 가는 경우의 수는? (단, 가로 방향 도로와 세로 방향 도로는 각각 서로 평행하다.)

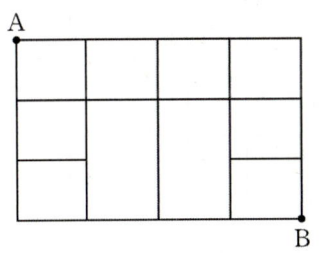

① 20   ② 21   ③ 22
④ 23   ⑤ 24

그림과 같이 바둑판 모양의 도로망이 있다. 이 도로망을 따라 A 지점에서 출발하여 선분 CD 위의 점을 적어도 한 번 경유해서 B 지점까지 최단거리로 가는 경우의 수는?

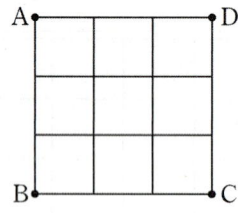

① 52　　　　② 60　　　　③ 68
④ 76　　　　⑤ 84

흰 공 3개, 노란 공 3개, 파란 공 2개를 일렬로 나열할 때, 양 끝에 서로 다른 색의 공이 위치하도록 나열하는 경우의 수는?

(단, 같은 색 공끼리는 서로 구분하지 않는다.)

① 410　　　　② 420　　　　③ 430
④ 440　　　　⑤ 450

027 ☐☐☐

1부터 7까지의 자연수가 각각 하나씩 적혀 있는 7장의 카드가 있다. 이 카드를 모두 한 번씩 사용하여 다음 규칙에 따라 일렬로 나열하는 경우의 수는?

> (가) 홀수가 적혀 있는 카드는 작은 수부터 크기 순서로 왼쪽부터 나열한다.
> (나) 어떤 이웃한 두 카드에 적힌 숫자의 곱은 홀수이다.

① 208   ② 206   ③ 204
④ 202   ⑤ 200

028 ☐☐☐

빨간색 공 2개, 파란색 공 3개, 노란색 공 2개를 모두 일렬로 나열할 때, 다음 조건을 만족시키는 경우의 수를 구하시오.
(단, 같은 색의 공끼리는 구분하지 않는다.)

> (가) 빨간색 공과 빨간색 공 사이에는 홀수 개의 공이 있다.
> (나) 빨간색 공과 빨간색 공 사이에는 노란색 공이 적어도 한 개 있다.

■ **중복조합**

| 029 |├─□□□

네 수 2, 3, 5, 7 중에서 중복을 허락하여 선택한 4개의 수를 모두 곱하여 만들 수 있는 서로 다른 자연수의 개수는?

① 25   ② 30   ③ 35
④ 40   ⑤ 45

| 030 |├─□□□

집합 $X = \{1, 2, 3, 4, 5, 6, 7, 8\}$에서 집합 $Y = \{1, 2, 3\}$으로의 함수 중에서 정의역 X의 원소 x, y에 대하여 $x \leq y$이면 $f(x) \leq f(y)$를 만족시키면서 치역과 공역이 일치하는 함수 f의 개수는?

① 13   ② 15   ③ 17
④ 19   ⑤ 21

| 031 | ⊢□□□

같은 종류의 연필 12자루를 4명의 학생에게 남김없이 나누어 주려고 할 때, 연필을 한 자루도 받지 못하는 학생이 오직 1명이 되는 경우의 수를 구하시오.

| 032 | ⊢□□□

같은 종류의 빨간 펜 6개와 같은 종류의 검은 펜 5개를 A, B, C의 세 바구니에 나누어 담으려고 한다. 빨간 펜을 1개, 2개, 3개로 나누어 세 바구니에 담을 때, 빨간 펜과 검은 펜 모두를 남김없이 바구니에 담는 경우의 수는?
(단, 검은 펜이 1개도 들어 있지 않은 바구니가 있을 수 있다.)

① 102   ② 108   ③ 114
④ 120   ⑤ 126

다음과 같은 상황 (가)와 상황 (나)에서 A 가 연필을 한 자루 이하로 받을 경우의 수를 각각 a, b라 할 때, $a+b$의 값을 구하시오.

(단, 연필을 받지 않는 사람이 있을 수 있다.)

(가) 서로 다른 종류의 연필 6자루를 세 사람
　　A, B, C에게 남김없이 나누어 준다.
(나) 같은 종류의 연필 6자루를 세 사람
　　A, B, C에게 남김없이 나누어 준다.

방정식 $x+y+z=22$를 만족시키는 자연수 중 짝수인 x, y, z에 대하여 모든 순서쌍 (x, y, z)의 개수를 구하시오.

| 035 |⊢□□□

다음 조건을 만족시키는 자연수 a, b, c, d의 모든 순서쌍 (a, b, c, d)의 개수를 구하시오.

> (가) a, b, c, d 중 홀수인 것이 2개, 짝수인 것이 2개이다.
> (나) $a+b+c+d=18$

| 036 |⊢□□□

다음 조건을 만족시키는 세 자연수 a, b, c의 순서쌍 (a, b, c)의 개수를 구하시오.

> (가) $a+b+c$는 홀수이다.
> (나) $a \le b \le c \le 10$

037 ┤□□□

다음 조건을 만족시키는 자연수 x, y, z의 모든 순서쌍 (x, y, z)의 개수를 구하시오.

(가) $x + y + z = 13$
(나) x, y, z는 모두 홀수이다.

038 ┤□□□

다음 조건을 만족시키는 네 자연수 a, b, c, d의 모든 순서쌍 (a, b, c, d)의 개수를 구하시오.
(단, 1은 모든 자연수와 서로소이다.)

(가) $abcd = 2 \times 5^5$
(나) a와 b는 서로소이다.

039 |□□□

다음 조건을 만족시키는 음이 아닌 정수 x, y, z, w의 순서쌍 (x, y, z, w)의 개수를 구하시오.

> (가) $x + y + z + 2w = 8$
> (나) $0 \leq w \leq 1$, $z \geq 2$

040 |□□□

집합 $X = \{1, 2, 4, 8\}$에 대하여 다음 조건을 만족시키는 X에서 X로의 함수 f의 개수는?

> (가) 집합 X의 임의의 두 원소 a, b에 대하여 $a < b$이면 $af(b) < bf(a)$이다.
> (나) $f(1) \neq f(8)$

① 31   ② 32   ③ 33
④ 34   ⑤ 35

041 ┤□□□

방정식 $x+y+z+3u+3v+3w=6$을
만족시키는 음이 아닌 정수 x, y, z, u, v, w의
모든 순서쌍 (x, y, z, u, v, w)의 개수는?

① 64   ② 66   ③ 68

④ 70   ⑤ 72

042 ┤□□□

다음 조건을 만족시키는 자연수 a_1, a_2, a_3, $\cdots$,
a_n의 모든 순서쌍 $(a_1, a_2, a_3, \cdots, a_n)$의 개수가
180일 때, 자연수 n의 값을 구하시오.

(단, $n \geq 2$)

(가) a_1, a_2, a_3, $\cdots$, a_n 중에서 홀수의
　　 개수는 $n-2$이다.

(나) $\displaystyle\sum_{k=1}^{n} \log_{12}(a_k) = 2$

| 043 | □□□

같은 종류의 마스크 13장을 선생님 1명, 여학생 2명, 남학생 2명에게 각각 1장 이상씩 남김없이 나누어 주려고 한다. 다음 조건을 만족시키도록 마스크를 나누어 주는 경우의 수를 구하시오.

> (가) 여학생이 받은 모든 마스크의 개수의 합은 3 이상이다.
> (나) 남학생이 받은 모든 마스크의 개수의 합은 3 이상이다.

| 044 | □□□

다음 조건을 만족시키는 정수 x, y, z의 모든 순서쌍 (x, y, z)의 개수를 구하시오.

> (가) $x > -2$, $y > 0$, $z < 2$
> (나) $x + y - z = 10$

045 |□□□

다음 조건을 만족시키는 음이 아닌 정수 a, b, c, d의 모든 순서쌍 (a, b, c, d)의 개수를 구하시오.

(가) $a+b+c \leq d$
(나) $a+b+c+d = 20$

■ 이항정리

046 |□□□

$(1+x)^4 \left(1 - \dfrac{1}{x^2}\right)^3$의 전개식에서 x의 계수는?

① -12 ② -8 ③ -4
④ 4 ⑤ 8

047 ─□□□

$x^n \left(x - \dfrac{1}{x^2} \right)^5$ 의 전개식에서 상수항이 음수가

되도록 하는 모든 자연수 n의 값의 합은?

① 22   ② 20   ③ 18
④ 16   ⑤ 14

048 ─□□□

$\left(x - \dfrac{1}{x} \right)^{10} \left(x + \dfrac{1}{x} \right)^{10}$ 의 전개식에서 x^8의 계수는?

① -300 ② -210 ③ -120
④ -30 ⑤ 60

$\left(x+\dfrac{a}{x}\right)^7$ 의 전개식에서 $\dfrac{1}{x}$ 의 계수가 x^5 의 계수의 5배일 때, 양수 a의 값은?

① 1   ② 2   ③ 3

④ 4   ⑤ 5

050

모든 실수 x에 대하여 등식

$$(1+x)^8 = a_0 + a_1(1-x) + a_2(1-x)^2$$
$$+ \cdots + a_8(1-x)^8$$

이 성립할 때, a_6의 값을 구하시오.

(단, $a_0, a_1, a_2, \cdots, a_8$은 상수이다.)

II

확률

■ 확률의 뜻과 덧셈정리

| 051 ├─□□□

주머니에 흰 공 n개, 검은 공 $10-n$개가 들어 있다. 이 주머니에서 임의로 2개의 공을 뽑을 때, 뽑힌 공이 모두 흰 공일 확률이 $\dfrac{7}{15}$이다. 2 이상의 자연수 n의 값은?

① 3 ② 4 ③ 5
④ 6 ⑤ 7

| 052 ├─□□□

1에서 30까지의 자연수가 각각 하나씩 적혀 있는 30장의 카드에서 임의로 한 장을 뽑을 때, 뽑힌 카드에 적힌 숫자가 짝수이거나 5의 배수일 확률은?

① $\dfrac{2}{5}$ ② $\dfrac{1}{2}$ ③ $\dfrac{3}{5}$
④ $\dfrac{7}{10}$ ⑤ $\dfrac{4}{5}$

053 ▶□□□

두 주머니 A와 B에는 숫자 1, 2, 3, 4가 하나씩 적혀 있는 4장의 카드가 각각 들어 있다. 갑은 주머니 A에서, 을은 주머니 B에서 각자 임의로 두 장의 카드를 꺼내어 가진다. 갑이 가진 두 장의 카드에 적힌 수의 합과 을이 가진 두 장의 카드에 적힌 수의 합이 같을 확률은 $\dfrac{q}{p}$이다. $p+q$의 값을 구하시오. (단, p, q는 서로소인 자연수이다.)

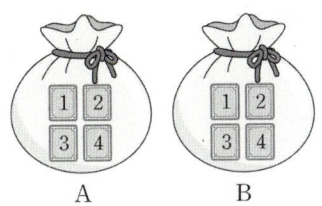

A   B

054 ▶□□□

10명의 회원으로 구성된 동호회에서 임의로 2명을 뽑을 때, 2명 모두 남자회원이거나 2명 모두 여자회원일 확률이 $\dfrac{7}{15}$이다. 이 동호회 회원 중 남자회원의 수를 구하시오.
   (단, 남자회원의 수가 여자회원의 수보다 많다.)

그림과 같이 1, 2, 3의 숫자가 하나씩 적힌 3개의 공이 들어있는 주머니와 2, 3, 4가 하나씩 적힌 3개의 공이 들어있는 주머니와 숫자 3, 4, 5가 각각 하나씩 적힌 3개의 공이 들어 있는 주머니가 있다. 세 주머니에서 각각 임의로 1개의 공을 꺼낼 때, 꺼낸 3개의 공에 적혀있는 숫자가 모두 서로 다를 확률은 $\dfrac{q}{p}$이다. $p+q$의 값을 구하시오.

(단, p와 q는 서로소인 자연수이다.)

 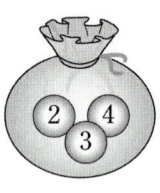 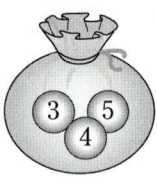

주사위 2개를 동시에 던져 나온 눈의 수를 각각 a, b라 할 때, 직선 $ax - by = 1$이 직선 $x - 2y = 4$와 만날 확률은?

① $\dfrac{1}{6}$　　　② $\dfrac{1}{4}$　　　③ $\dfrac{5}{12}$

④ $\dfrac{3}{4}$　　　⑤ $\dfrac{11}{12}$

057 ├─□□□

한 개의 주사위를 두 번 던져 나온 눈의 수를
차례로 a, b라 할 때,

$$|a-3|=|b-3|$$

을 만족시킬 확률은 $\dfrac{q}{p}$이다. $p+q$의 값을
구하시오. (단, p와 q는 서로소인 자연수이다.)

058 ├─□□□

주머니에 100, 50, 10이 하나씩 적혀 있는 공이
각각 4개, 4개, 2개가 들어 있다. 이 주머니에서
임의로 5개의 공을 동시에 꺼낼 때, 꺼낸 공에
적혀 있는 수의 총합이 400 이상일 확률은?

① $\dfrac{5}{42}$ ② $\dfrac{8}{63}$ ③ $\dfrac{17}{126}$

④ $\dfrac{1}{7}$ ⑤ $\dfrac{19}{126}$

다음은 어느 고등학교 전체 학생 350명의 혈액형을 ABO식과 Rh식으로 분류한 표이다.

(단위: 명)

혈액형	O	A	B	AB
Rh+	α	112	94	β
Rh-	x	$2x$	y	$2y$

이 고등학교 전체 학생 중 임의로 1명을 선택할 때, 다음 조건이 성립한다.

(가) 선택된 학생이 A형일 사건과 Rh-형일 사건이 서로 배반사건이다.
(나) 선택된 학생이 A형이거나 Rh-형일 확률은 $\dfrac{121}{350}$이다.

이 고등학교 전체 학생 중 임의로 1명을 선택할 때, 이 학생이 AB형이면서 Rh-형일 확률은?

① $\dfrac{2}{175}$ ② $\dfrac{1}{70}$ ③ $\dfrac{3}{175}$

④ $\dfrac{1}{50}$ ⑤ $\dfrac{4}{175}$

주사위 한 개를 세 번 던져서 나오는 눈의 수의 합을 S라 할 때, $\log_2 S$가 홀수일 확률은?

① $\dfrac{7}{72}$ ② $\dfrac{1}{9}$ ③ $\dfrac{1}{8}$

④ $\dfrac{5}{36}$ ⑤ $\dfrac{11}{72}$

061 ⊢□□□

주머니 속에 흰 구슬 3개와 검은 구슬 n개가 들어 있다. 이 주머니에서 임의로 2개의 구슬을 동시에 꺼낼 때, 흰 구슬 1개와 검은 구슬 1개가 나올 확률은 $\dfrac{4}{7}$이다. 자연수 n의 값을 구하시오.

062 ⊢□□□

4개의 회사가 A를 포함한 3개의 협력사 중 임의로 하나의 협력사를 각각 선택하려고 할 때, A 협력사를 선택한 회사가 2개일 확률은?

① $\dfrac{2}{9}$　　　② $\dfrac{7}{27}$　　　③ $\dfrac{8}{27}$

④ $\dfrac{1}{3}$　　　⑤ $\dfrac{10}{27}$

세 학생 A, B, C가 포함된 8명의 학생이 그림과 같이 배열된 8개의 의자에 임의로 앉으려고 한다. A와 B는 같은 줄에 앉고, A와 C는 같은 열에 앉을 확률은?

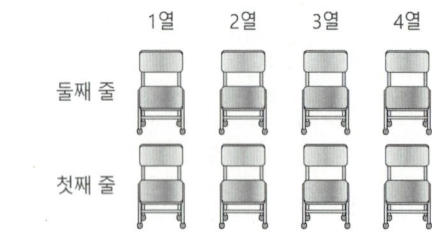

① $\dfrac{1}{21}$ ② $\dfrac{1}{14}$ ③ $\dfrac{2}{21}$

④ $\dfrac{1}{7}$ ⑤ $\dfrac{3}{14}$

집합 $X = \{1, 2, 3, 4\}$에 대한 모든 함수 $f : X \to X$ 중에서 임의로 한 개의 함수를 선택할 때, 치역의 원소의 개수가 홀수이고 $f(1) + f(2) + f(3) + f(4)$의 값이 홀수일 확률은 $\dfrac{q}{p}$이다. $p + q$의 값을 구하시오.

(단, p와 q는 서로소인 자연수이다.)

| 065 | ☐☐☐

A, B, C를 포함한 6명의 학생이 그림과 같이
6개의 자리에 앉을 때, A는 1열에 앉고 B는
2열에 앉는다. C가 남은 4개의 자리 중 임의로
1개를 선택해서 앉을 때, A 또는 B와 이웃하게
앉을 확률은?

1열　2열

① $\dfrac{5}{9}$　　② $\dfrac{7}{9}$　　③ $\dfrac{7}{12}$

④ $\dfrac{19}{24}$　　⑤ $\dfrac{22}{27}$

| 066 | ☐☐☐

상자에 1부터 8까지의 자연수가 각각 하나씩
적힌 크기와 모양이 같은 8개의 공이 들어 있다.
이 상자에서 임의로 동시에 꺼낸 3개의 공에 적힌
모든 숫자의 합이 홀수일 때, 이 3개의 공에 적힌
수 중 가장 큰 수가 홀수일 확률이 $\dfrac{q}{p}$이다.
$p+q$의 값을 구하시오.

(단, p와 q는 서로소인 자연수이다)

| **067** |─□□□

세 학생 A, B, C는 다음 주 월요일부터
금요일까지 5일 동안 열리는 전시회에 각자 하루씩
임의로 선택하여 가기로 하였다. 학생 A가 학생
B 또는 학생 C와 같은 날 전시회에 갈 확률을

$\dfrac{q}{p}$ 라 할 때, $p+q$의 값을 구하시오.

(단, p와 q는 서로소인 자연수이다.)

▌조건부확률

| **068** |─□□□

어느 학교에 재학중인 학생 250명을 대상으로
통학하는 거리와 통학버스 이용 여부의 연관성을
알아보기 위해 조사한 결과가 다음 표와 같다.

(단위: 명)

구분	통학버스 이용	통학버스 이용하지 않음
통학 거리 1km 미만	a	80
통학 거리 1km 이상	b	20
계	150	100

조사대상 250명 중에서 임의로 선택된 1명의 통학
거리가 1km 미만일 때, 이 학생이 통학버스를
이용할 확률은 $\dfrac{3}{7}$이다. $b-a$의 값을 구하시오.

069 |□□□

흡연자와 비흡연자의 비가 $2:3$인 어느 도시의 거주자 전체의 $\dfrac{1}{6}$이 폐질환을 앓고 있고, 나머지 $\dfrac{5}{6}$는 그렇지 않다. 이 도시의 거주자 중에서 임의로 한 명을 선택할 때, 이 사람이 폐질환을 앓지 않는 흡연자일 확률이 $\dfrac{3}{10}$이다. 이 도시의 거주자 중에서 임의로 선택한 사람이 폐질환을 앓고 있을 때, 이 사람이 비흡연자일 확률은 p이다. $100p$의 값을 구하시오.

070 |□□□

어느 영화 동호회 회원을 대상으로 두 영화 A, B에 대한 선호도를 조사하였더니 영화 A를 선호하는 남자 회원의 수는 5이고, 영화 B를 선호하는 남자 회원의 수가 25였다. 영화 B를 선호하는 회원 중에서 한 명을 임의로 선택할 때, 이 회원이 여자일 확률이 $\dfrac{3}{8}$이고, 여자 회원 중에서 한 명을 임의로 선택할 때, 이 회원이 영화 A를 선호할 확률은 $\dfrac{1}{6}$이다. 영화 A를 선호하는 회원 중에서 한 명을 임의로 선택할 때, 이 회원이 남자일 확률은? (단, 모든 회원은 두 영화 A, B 중에 반드시 하나를 선호한다고 답했고, 두 영화를 모두 선호하는 회원은 없다.)

① $\dfrac{1}{4}$ ② $\dfrac{3}{8}$ ③ $\dfrac{1}{2}$

④ $\dfrac{5}{8}$ ⑤ $\dfrac{3}{4}$

071

다음은 어느 고등학교 토론대회에 참가한 학생 500명을 대상으로 특정 토론주제의 학년별 찬반 여부를 조사한 표이다.

(단위: 명)

구분	1학년	2학년	3학년
찬성	a	50	$150-a$
반대	$126-a$	b	c

이 토론대회에 참가한 학생 500명 중에서 임의로 선택한 1명이 반대를 선택한 학생일 때, 이 학생이 2학년 학생일 확률은 $\frac{2}{5}$이고, 이 토론대회에 참가한 학생 500명 중에서 임의로 선택한 1명이 3학년 학생일 때, 이 학생이 찬성을 선택한 학생일 확률은 $\frac{1}{2}$이다. a의 값을 구하시오. (단, 참가한 모든 학생은 찬성과 반대 중에 반드시 하나를 선택하였다.)

072

주머니 A에는 1, 2, 3, 4, 5, 6의 숫자가 하나씩 적혀 있는 6개의 공이 들어 있고 주머니 B에는 1, 2, 3, 4의 숫자가 하나씩 적혀 있는 4개의 공이 들어 있다. 한 개의 주사위를 한 번 던져서 3의 배수이면 주머니 A에서 임의로 1개의 공을 뽑고, 3의 배수가 아니면 주머니 B에서 임의로 1개의 공을 뽑는다. 뽑은 공에 적혀 있는 수가 3의 배수일 때, 이 공이 주머니 A에서 뽑은 공일 확률은 p이다. $100p$의 값을 구하시오.

073 ▸□□□

각 면에 1, 1, 1, 2, 2, 3의 숫자가 하나씩 적혀 있는 정육면체 모양의 상자를 3번 던져 바닥에 닿은 면에 적혀 있는 눈의 수의 합이 3의 배수일 때, 세 수가 모두 같을 확률은?

① $\dfrac{1}{6}$ ② $\dfrac{1}{5}$ ③ $\dfrac{1}{4}$

④ $\dfrac{1}{3}$ ⑤ $\dfrac{1}{2}$

074 ▸□□□

한 개의 주사위를 두 번 던져서 나오는 눈의 수의 곱이 짝수일 때, 적어도 한 번 8의 약수의 눈이 나올 확률은?

① $\dfrac{20}{27}$ ② $\dfrac{7}{9}$ ③ $\dfrac{22}{27}$

④ $\dfrac{23}{27}$ ⑤ $\dfrac{8}{9}$

| 075 |⊢□□□

여직원이 30명, 남직원이 20명인 어느 회사에서 전체 직원의 30%가 기혼이고 이 회사의 직원 중 임의로 뽑은 한 명이 기혼 여성일 확률은 $\dfrac{4}{25}$이다. 이 회사의 직원 중 임의로 뽑은 한 명이 미혼일 때, 이 직원이 남성일 확률은 $\dfrac{q}{p}$이다. $p+q$의 값을 구하시오. (단, p와 q는 서로소인 자연수이다.)

| 076 |⊢□□□

어느 고등학교 전체 학생 500명을 대상으로 한식과 양식에 대한 선호도를 조사하였다. 이 조사에 참여한 학생은 한식과 양식 중 하나를 선택하였고, 조사한 결과는 다음과 같다.

(단위: 명)

구분	1학년	2학년	3학년	합계
한식	90	a	b	300
양식	60	$150-a$	$200-b$	200
합계	150	150	200	500

이 학교 학생 중 임의로 선택한 1명이 한식을 선호할 때 이 학생이 2학년일 확률과, 이 학교 학생 중 임의로 선택한 1명이 3학년일 때 이 학생이 양식을 선호하는 학생일 확률이 서로 같다. $b-a$의 값을 구하시오.

077 ⊢□□□

어느 고등학교에서 조사한 결과 스키를 타본
경험이 있는 학생이 전체의 64%, 스노보드를
타본 경험이 있는 학생이 전체의 48%, 스키와
스노보드를 모두 타본 경험이 있는 학생이 전체의
16%라 한다. 이 고등학교에서 임의로 선택한 한
학생이 스키를 타본 경험이 없거나 스노보드를
타본 경험이 없는 학생이었을 때, 이 학생이 스키와
스노보드 둘 다 타본 경험이 없는 학생일 확률을
$\dfrac{q}{p}$라 하자. $p+q$의 값을 구하시오.

(단, p와 q는 서로소인 자연수이다.)

■ **독립과 종속**

| **078** |─□□□

두 사건 A, B가 서로 독립이고

$$\mathrm{P}(A) = \frac{1}{3}, \ \mathrm{P}(A \cup B^C) = \frac{1}{2}$$

일 때, $\mathrm{P}(B)$의 값은?

(단, B^C은 B의 여사건이다.)

① $\dfrac{1}{2}$ ② $\dfrac{7}{12}$ ③ $\dfrac{2}{3}$

④ $\dfrac{3}{4}$ ⑤ $\dfrac{5}{6}$

| **079** |─□□□

다음은 어떤 문화센터에 모인 사람들을 대상으로 요가와 테니스 중 배우고 싶은 운동이 무엇인지 물어본 결과를 성별에 따라 정리한 표이다.

(단위: 명)

	남	여
요가	a	20
테니스	30	50

이 문화센터에 모인 사람들 중 임의로 한 명을 선택할 때, 그 사람이 남자인 사건과 요가를 배우고 싶은 사람인 사건이 서로 독립이다. a의 값은? (단, 이 문화센터에 모인 모든 사람은 요가와 테니스 중에 반드시 하나를 선택하였다.)

① 6 ② 8 ③ 10

④ 12 ⑤ 14

080

다음은 어느 헬스클럽의 연령별 남녀성비를 파악하기 위해 10대부터 30대까지의 회원 150명을 대상으로 조사한 결과를 나타낸 표이다.

(단위: 명)

성별 \ 연령	10대	20대	30대
남자	12	a	18
여자	b	40	27

150명 중 임의로 한 명을 택할 때, 20대 회원이 선택되는 사건과 남자 회원이 선택되는 사건이 서로 독립이다. $b-a$의 값을 구하시오.

(단, a, b는 상수이다.)

081

한 개의 주사위를 한 번 던져 일어나는 두 사건 A, B에 대하여 홀수의 눈이 나오는 사건을 A라 할 때, 다음 조건을 만족시키는 사건 B의 개수는?

(가) $P(B) = \dfrac{1}{3}$

(나) 두 사건 A와 B는 서로 독립이다.

① 5   ② 6   ③ 7

④ 8   ⑤ 9

| 082 ├□□□

주머니 A, B, C에는 1, 2, 3, 4의 숫자가 하나씩 적혀 있는 네 장의 카드가 각각 들어 있다. 주머니 A, B, C에서 각각 카드를 임의로 한 장씩 꺼내어 세 카드에 적혀 있는 숫자를 확인한 후 다시 넣지 않는다. 이와 같은 시행을 두 번 반복할 때, 첫 번째 시행에서 꺼낸 세 카드에 적혀 있는 숫자는 모두 다르고, 두 번째 시행에서 꺼낸 세 카드에 적혀 있는 숫자는 모두 같을 확률은?

① $\dfrac{1}{144}$　　② $\dfrac{1}{72}$　　③ $\dfrac{1}{36}$

④ $\dfrac{1}{24}$　　⑤ $\dfrac{1}{18}$

| 083 ├□□□

주머니에 1, 1, 2, 3, 4의 숫자가 하나씩 적혀 있는 5개의 공이 들어 있다. 이 주머니에서 임의로 4개의 공을 동시에 꺼내어 임의로 일렬로 나열하고, 나열된 순서대로 공에 적혀 있는 수를 a, b, c, d라 할 때, $a \leq b \leq c \leq d$일 확률은?

① $\dfrac{1}{15}$　　② $\dfrac{1}{12}$　　③ $\dfrac{1}{9}$

④ $\dfrac{1}{6}$　　⑤ $\dfrac{1}{3}$

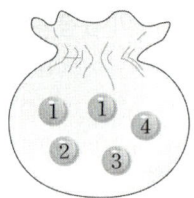

| 084 | ▫▫▫

한 개의 주사위를 세 번 던져서 나오는 눈의 수를 차례대로 a, b, c라 할 때,
$(a-3)(b-2)(c-1)$의 값이 양수가 될 확률은 $\dfrac{q}{p}$ 이다. $p+q$의 값을 구하시오.

(단, p와 q는 서로소인 자연수이다.)

| 085 | ▫▫▫

주머니에 1부터 10까지의 자연수가 하나씩 적혀 있는 10장의 카드가 있다. 주머니에서 갑이 1장의 카드를 임의로 뽑고 을이 남은 9장의 카드 중에서 1장의 카드를 임의로 뽑을 때, 갑이 뽑은 카드에 적힌 수가 홀수이고 을이 뽑은 카드에 적힌 수가 3의 배수일 확률은 $\dfrac{q}{p}$ 이다. $p+q$의 값을 구하시오. (단, p와 q는 서로소인 자연수이다.)

주머니에 딸기 맛 사탕 2개, 포도 맛 사탕이 6개가 들어 있다. 이 주머니에서 임의로 2개의 사탕을 동시에 꺼내는 시행을 할 때, 2개의 사탕이 같은 맛이면 꺼낸 사탕을 모두 먹고 다른 맛이면 꺼낸 사탕을 먹지 않고 모두 다시 주머니에 넣는다. 이 시행을 2번 반복한 결과 주머니에 들어 있는 사탕의 개수가 4일 확률은? (단, 사탕을 먹으면 주머니에 사탕을 추가하지 않는다.)

① $\dfrac{1}{7}$ ② $\dfrac{3}{14}$ ③ $\dfrac{2}{7}$

④ $\dfrac{5}{14}$ ⑤ $\dfrac{3}{7}$

흰 공 2개와 검은 공 4개가 들어 있는 주머니에서 임의로 3개의 공을 꺼내어 공을 확인한 후 다시 주머니에 넣는 시행을 두 번 반복하려고 한다. 첫 번째 시행에서 꺼낸 흰 공의 개수와 두 번째 시행에서 꺼낸 검은 공의 개수가 같을 확률은?

① $\dfrac{3}{50}$ ② $\dfrac{3}{25}$ ③ $\dfrac{9}{50}$

④ $\dfrac{6}{25}$ ⑤ $\dfrac{3}{10}$

| 088 |——□□□

동전 3개를 던져서 나온 앞면의 개수와 뒷면의
개수의 차가 1이면 주사위 3개를 동시에 던지고,
1이 아니면 주사위 2개를 동시에 던진다. 3개의
동전을 던진 후 그 결과에 따라 주사위를 던질 때,
6의 약수의 눈이 나오는 주사위의 개수가 1일
확률은?

① $\dfrac{2}{9}$ ② $\dfrac{5}{18}$ ③ $\dfrac{1}{3}$

④ $\dfrac{7}{18}$ ⑤ $\dfrac{4}{9}$

■ 독립시행의 확률

| 089 |——□□□

동전 한 개와 주사위 한 개를 동시에 던지는 시행을
5번 반복한다. 동전의 앞면과 주사위의 6의 약수의
눈이 동시에 나오는 횟수가 3일 확률이 $\dfrac{q}{p}$ 일 때,
$p+q$의 값을 구하시오.

（단, p와 q는 서로소인 자연수이다.）

주머니에 A가 하나씩 적힌 카드 2장과 B가
하나씩 적힌 카드 3장이 들어 있다. 이 주머니에서
동시에 2장의 카드를 임의로 꺼내어 적힌 문자를
확인한 후 다시 넣는 시행을 3번 반복할 때, 서로
같은 문자가 적힌 카드가 1번만 나올 확률은?

① $\dfrac{44}{125}$　　② $\dfrac{49}{125}$　　③ $\dfrac{54}{125}$

④ $\dfrac{59}{125}$　　⑤ $\dfrac{64}{125}$

주사위 1개와 동전 4개를 동시에 던져 나온
주사위의 눈의 수를 a, 동전의 앞면의 개수를 b라
하자. 세 수 a, b, 4가 이 순서대로 등비수열을
이룰 확률은?

① $\dfrac{7}{96}$　　② $\dfrac{1}{12}$　　③ $\dfrac{3}{32}$

④ $\dfrac{5}{48}$　　⑤ $\dfrac{11}{96}$

네 사람이 각각 주사위를 한 번씩 던져서 나온 눈의 수가 짝수이면 1이 적힌 카드를, 홀수이면 2가 적힌 카드를 갖는다. 네 사람이 가진 카드에 적힌 수의 합이 7 이상일 확률은?

① $\dfrac{1}{8}$　　② $\dfrac{3}{16}$　　③ $\dfrac{1}{4}$

④ $\dfrac{5}{16}$　　⑤ $\dfrac{3}{8}$

동전 4개를 던져서 앞면이 나온 동전의 개수를 a라 하고, 한 개의 주사위를 3번 던져서 6의 약수의 눈이 나오는 횟수를 b라고 하자. $a + 2b = 8$이 성립할 확률은?

① $\dfrac{1}{18}$　　② $\dfrac{5}{36}$　　③ $\dfrac{2}{9}$

④ $\dfrac{11}{36}$　　⑤ $\dfrac{7}{18}$

흰 공 4개, 검은 공 3개가 들어 있는 주머니가 있다. 이 주머니에서 임의로 한 개의 공을 꺼내어 흰 공이 나오면 한 개의 동전을 4번 던지고, 검은 공이 나오면 한 개의 동전을 3번 던지는 시행을 한다. 이 시행에서 동전의 앞면이 1번 나올 확률은?

① $\dfrac{1}{4}$ ② $\dfrac{15}{56}$ ③ $\dfrac{2}{7}$

④ $\dfrac{17}{56}$ ⑤ $\dfrac{9}{28}$

한 개의 동전을 3번 던질 때 앞면이 나오는 횟수를 a라 하고, 한 개의 주사위를 한 번 던져 나온 눈의 수를 b라 할 때, $a \geq b$일 확률은?

① $\dfrac{3}{16}$ ② $\dfrac{1}{4}$ ③ $\dfrac{5}{16}$

④ $\dfrac{3}{8}$ ⑤ $\dfrac{7}{16}$

| 096 |⊢□□□

두 학생 A, B는 다음 규칙에 따라 동전을 던진다.

> A가 동전 1개를 던져서
> 앞면이 나오면 B는 동전 1개를 2번 던지고,
> 뒷면이 나오면 B가 동전 1개를 3번 던진다.

B가 던져서 나온 앞면의 개수가 1일 때, A가 던진 동전이 앞면이 나왔을 확률은?

① $\dfrac{1}{4}$ ② $\dfrac{2}{5}$ ③ $\dfrac{1}{2}$

④ $\dfrac{4}{7}$ ⑤ $\dfrac{5}{8}$

| 097 |⊢□□□

한 개의 주사위를 A는 4번 던지고 B는 3번 던질 때, 3의 배수의 눈이 나오는 횟수를 각각 a, b라 하자. $a+b$의 값이 6일 확률은?

① $\dfrac{10}{3^7}$ ② $\dfrac{11}{3^7}$ ③ $\dfrac{4}{3^6}$

④ $\dfrac{13}{3^7}$ ⑤ $\dfrac{14}{3^7}$

한 개의 주사위를 4번 던질 때, 다음 조건을

만족시킬 확률은 $\dfrac{q}{p}$이다. $p+q$의 값을 구하시오.

(단, p와 q는 서로소인 자연수이다.)

> (가) 홀수의 눈이 2번 이상 나온다.
> (나) 4의 눈이 연속해서 나오는 경우는
> 　　존재하지 않는다.

다음과 같은 규칙으로 시행을 한다.

> (가) 동전 5개를 던져서 앞면이 나온 동전의
> 　　개수가 4 이상이면 두 개의 주사위를
> 　　던져서 나온 눈의 수의 합을 점수로 한다.
> (나) 동전 5개를 던져서 앞면이 나온 동전의
> 　　개수가 3 이하이면 한 개의 주사위를
> 　　던져서 나온 눈의 수를 점수로 한다.

위의 시행을 마친 후 얻은 점수가 5점일 확률은?

① $\dfrac{3}{32}$　　　② $\dfrac{1}{8}$　　　③ $\dfrac{5}{32}$

④ $\dfrac{3}{16}$　　　⑤ $\dfrac{7}{32}$

100 ─□□□

주머니 속에 흰 공 1개, 검은 공 2개가 들어 있다. 이 주머니에서 임의로 공 한 개를 꺼내어 색깔을 확인한 후 다시 주머니에 넣는다. 이 시행을 3번 반복할 때 흰 공이 나온 횟수를 a라 하고, 동전 한 개를 3번 던져 앞면이 나온 횟수를 b라 하자. $a = b$일 확률은?

① $\dfrac{5}{18}$ ② $\dfrac{7}{24}$ ③ $\dfrac{11}{36}$

④ $\dfrac{23}{72}$ ⑤ $\dfrac{1}{3}$

III

통계

■ 이산확률변수

| 101 | ─□□□

확률변수 X의 확률분포를 표로 나타내면 다음과 같다.

X	2	4	6	8	계
$P(X=x)$	a	b	$\dfrac{1}{4}$	b	1

$E(X) = 4$일 때, $a+b$의 값은?

(단, a, b는 상수이다.)

① $\dfrac{1}{8}$ ② $\dfrac{1}{4}$ ③ $\dfrac{3}{8}$

④ $\dfrac{1}{2}$ ⑤ $\dfrac{5}{8}$

| 102 | ─□□□

이산확률변수 X에 대하여 $E(X) = 3$, $V(X) = 2$이고, 이산확률변수 $Y = aX + b$에 대하여 $E(Y) = 8$, $V(Y) = 8$이다. $a+b$의 최댓값을 구하시오. (단, a, b는 상수이다.)

103 ┤□□□

두 개의 주사위를 동시에 던져서 나오는 두 눈의 수의 합을 확률변수 X라 할 때, $\mathrm{P}(4 \leq X \leq 6)$의 값은?

① $\dfrac{2}{9}$　　② $\dfrac{1}{4}$　　③ $\dfrac{5}{18}$

④ $\dfrac{11}{36}$　　⑤ $\dfrac{1}{3}$

104 ┤□□□

상자에 숫자 1이 적힌 공이 2개, 숫자 6이 적힌 공이 3개 들어 있다. 공을 임의로 한 개 뽑는 시행을 2번 해서 뽑은 공에 적힌 두 수를 순서대로 각각 십의 자리, 일의 자리로 하는 두 자리의 자연수를 확률변수 X라 하자. $\mathrm{E}(X)$의 값을 구하시오. (단, 한 번 꺼낸 공은 다시 넣지 않는다.)

| 105 | □-□-□

각 면에 1, 2, 3, 4, 5, 6의 숫자가 하나씩 적힌 직육면체 모양의 상자가 있다. 이 상자를 던졌을 때 바닥에 닿은 면에 적힌 수를 X라 하면 확률질량함수가

$$P(X=x)=P(X=7-x) \; (x=1, 2, 3)$$

를 만족시킨다. $E(X)$의 값은?

① 3　　　　　② $\dfrac{7}{2}$　　　　　③ 4

④ $\dfrac{9}{2}$　　　　　⑤ 5

| 106 | □-□-□

확률변수 X의 확률분포를 표로 나타내면 다음과 같다.

X	1	3	5	계
$P(X=x)$	a	b	$\dfrac{1}{6}$	1

세 수 a, b, $\dfrac{1}{6}$이 이 순서대로 등차수열을 이룰 때, $E(3X+1)$의 값은? (단, a, b는 상수이다.)

① 4　　　　　② 5　　　　　③ 6
④ 7　　　　　⑤ 8

| 107 | ☐☐☐

이산확률변수 X의 확률질량함수가

$$P(X=x) = \frac{ax+2}{10} \ (x=-1,\,0,\,1,\,2)$$

일 때, 확률변수 $3X+2$의 분산 $V(3X+2)$의 값은? (단, a는 상수이다.)

① 9 ② 18 ③ 27
④ 36 ⑤ 45

| 108 | ☐☐☐

한 개의 주사위를 2번 던져 나온 눈의 수를 차례로 a, b라 할 때, x에 대한 방정식

$$|(x-a)(x-3a)| = b$$

를 만족시키는 서로 다른 실근의 개수를 확률변수 X라 하자. $E(X) = \dfrac{q}{p}$라 할 때, $p+q$의 값을 구하시오. (단, p와 q는 서로소인 자연수이다.)

주머니에 1, 2, 3의 숫자가 하나씩 적혀 있는 3개의 빨간색 공과 1, 2, 3의 숫자가 하나씩 적혀 있는 3개의 파란색 공이 들어 있다. 이 주머니에서 임의로 2개의 공을 동시에 꺼낼 때, 확률변수 X를 다음과 같이 정의하자.

> (가) 꺼낸 2개의 공의 색이 서로 같을 때에는 $X = 0$
> (나) 꺼낸 2개의 공의 색이 서로 다를 때에는 $X = $ (두 공에 적힌 수의 합)

$\mathrm{E}(5X+2)$의 값은?

① 10   ② 12   ③ 14
④ 16   ⑤ 18

■ **이항분포**

확률변수 X가 이항분포 $\mathrm{B}(100, p)$를 따르고 $\mathrm{E}(2X) = 40$이다. $\sigma(-2X+3)$의 값은?

① 2   ② 4   ③ 6
④ 8   ⑤ 10

111

한 개의 주사위를 n번 던질 때, 나온 눈의 수가 소수 또는 홀수인 횟수를 확률변수 X라 하자. X의 평균과 분산의 합이 800일 때, 자연수 n의 값은?

① 800   ② 900   ③ 1000
④ 1100   ⑤ 1200

112

다음은 어떤 학교 동아리에서 새로운 규칙에 대한 찬반투표의 득표 결과이다.

후보	찬성	반대	무효	계
득표율(%)	60	37	3	100

이 투표에 참가한 사람 중 임의로 뽑은 50명 중에서 찬성에 투표한 투표참여자의 수를 확률변수 X라 하자. $V(X)$의 값은?

① 4   ② 6   ③ 8
④ 10   ⑤ 12

바구니에 사과 5개, 배 3개가 담겨 있다. 이 바구니에서 임의로 2개의 과일을 동시에 꺼내어 확인하고 다시 넣는 시행을 70회 반복할 때, 꺼낸 2개의 과일이 모두 사과인 횟수를 확률변수 X라 하자. $E(X)$의 값은?

① 17   ② 19   ③ 21
④ 23   ⑤ 25

한 개의 주사위를 던져 나온 눈의 수 a에 대하여 함수 $f(x) = x^2 - 4x$가 $f(a) < 0$을 만족시키는 사건을 A라 하자. 한 개의 주사위를 100번 던져서 사건 A가 일어나는 횟수를 확률변수 X라 할 때, $\sigma(X)$의 값은?

① 3   ② 4   ③ 5
④ 6   ⑤ 7

| 115 | □□□

확률변수 X가 이항분포 $\mathrm{B}(n, p)$를 따른다.

$\mathrm{P}(X=1) = \dfrac{4}{5}\mathrm{P}(X=2)$ 이고 $\mathrm{E}(X) = 2$일 때,

$\mathrm{V}(3X)$의 값은? (단, $0 < p < 1$)

① 12   ② 14   ③ 16

④ 18   ⑤ 20

| 116 | □□□

확률변수 X가 이항분포 $\mathrm{B}(n, p)$를 따르고

$$\mathrm{E}(X^2) = 2\mathrm{V}(X),$$

$$\mathrm{P}(X=2) = \dfrac{2}{5}\mathrm{P}(X=1)$$

일 때, $\mathrm{E}(12X+1)$의 값은?

(단, $n \geq 2$, $0 < p < 1$)

① 9   ② 10   ③ 11

④ 12   ⑤ 13

| 117 |┤□□□

구간 $[0, 1]$의 모든 실수 값을 가지는
연속확률변수 X에 대하여

$$\mathrm{P}(0 \leq X \leq x) = a(x^2 + x)$$
$$(0 \leq x \leq 1)$$

일 때, $\mathrm{P}(0 \leq X \leq a)$의 값은?

(단, a는 상수이다.)

① $\dfrac{1}{8}$　　　② $\dfrac{1}{4}$　　　③ $\dfrac{3}{8}$

④ $\dfrac{1}{2}$　　　⑤ $\dfrac{5}{8}$

| 118 |┤□□□

$0 \leq X \leq 4$에서 정의된 연속확률변수 X의
확률밀도함수 $f(x)$가

$$f(x) = \begin{cases} ax & (0 \leq x \leq 2) \\ a(4-x) & (2 < x \leq 4) \end{cases}$$

일 때, $\mathrm{P}(0 \leq X \leq 1)$의 값은?

(단, a는 상수이다.)

① $\dfrac{1}{32}$　　　② $\dfrac{1}{16}$　　　③ $\dfrac{1}{8}$

④ $\dfrac{1}{4}$　　　⑤ $\dfrac{1}{2}$

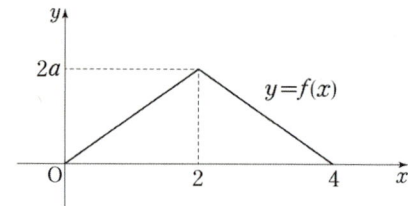

| **119** |-□□□

두 양수 a, b에 대하여 구간 $[0, 3]$의 모든 실수 값을 가지는 연속확률변수 X의 확률밀도함수 $f(x)$가

$$f(x) = b - ax$$

이다. $P(1 \leq X \leq 2)$의 값은?

① $\dfrac{1}{9}$ ② $\dfrac{2}{9}$ ③ $\dfrac{1}{3}$

④ $\dfrac{4}{9}$ ⑤ $\dfrac{5}{9}$

| **120** |-□□□

두 양수 a, b에 대하여 연속확률변수 X가 갖는 값의 범위는 $0 \leq X \leq a$이고, 확률밀도함수의 그래프는 다음과 같다. $P\left(0 \leq X \leq \dfrac{a}{2}\right) = \dfrac{b}{2}$일 때, $a^2 + 4b^2$의 값을 구하시오.

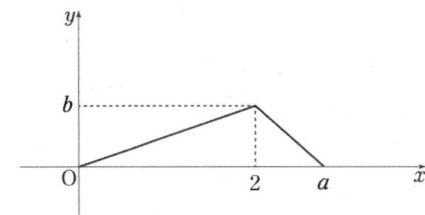

| 121 | ⊢□□□

연속확률변수 X가 갖는 값의 범위가
$0 \leq X \leq 2$이고

$$P\left(x \leq X \leq 2\right) = a(x-2)^2 \ (a는 \ 상수)$$

일 때, $P\left(\dfrac{1}{2} \leq X \leq 1\right) = k$이다. $160\,k$의 값을
구하시오.

| 122 | ⊢□□□

$0 \leq X \leq 2$에서 정의된 연속확률변수 X의
확률밀도함수가

$$f(x) = \frac{1}{2}\,|x-1| + k \ (0 \leq x \leq 2)$$

일 때, $P\left(\dfrac{1}{2} \leq X \leq \dfrac{3}{2}\right)$의 값은?

(단, k는 상수이다.)

① $\dfrac{5}{16}$ ② $\dfrac{3}{8}$ ③ $\dfrac{7}{16}$

④ $\dfrac{1}{2}$ ⑤ $\dfrac{9}{16}$

■ **정규분포**

| **123** |□□□

확률변수 X는 평균이 m, 표준편차가 5인
정규분포를 따르고,
$P(X \geq 30)$
$= P(X \leq 30)$을
만족시킨다.
$P(X \geq 40)$의 값을
오른쪽 표준정규분포표를
이용하여 구한 것은?

z	$P(0 \leq Z \leq z)$
0.5	0.1915
1.0	0.3413
1.5	0.4332
2.0	0.4772

① 0.0228　　② 0.0668　　③ 0.1587
④ 0.3413　　⑤ 0.4772

| **124** |□□□

확률변수 X는 평균이 m, 표준편차가 σ인
정규분포를 따르고 다음 등식을 만족시킨다.

$$P(m \leq X \leq m+12) - P(X \leq m-12)$$
$$= 0.3664$$

오른쪽
표준정규분포표를
이용하여 σ의 값을
구한 것은?

z	$P(0 \leq Z \leq z)$
0.5	0.1915
1.0	0.3413
1.5	0.4332
2.0	0.4772

① 4　　② 6　　③ 8
④ 10　　⑤ 12

두 확률변수 X, Y가 각각 정규분포 $N(40, 10^2)$, $N(60, 5^2)$을 따를 때,

$$P(|X-40| \leq 15)$$
$$+ P(|Y-60| \geq k) = 1$$

을 만족시키는 양수 k의 값은?

① 5   ② $\dfrac{15}{2}$ ③ 10

④ $\dfrac{25}{2}$ ⑤ 15

확률변수 X는 평균이 m, 표준편차가 1인 정규분포를 따르고, 확률변수 Y는 평균이 m, 표준편차가 $\dfrac{1}{2}$인 정규분포를 따른다.

$$P\left(X - m \leq \dfrac{k}{2}\right) = P\left(Y - m \geq \dfrac{k-3}{4}\right)$$

일 때, 상수 k의 값은?

① $\dfrac{1}{2}$ ② 1   ③ $\dfrac{3}{2}$

④ 2   ⑤ $\dfrac{5}{2}$

| 127 | ☐☐☐

확률변수 X는 평균이 m, 표준편차가 σ인 정규분포를 따르고, 확률변수 Y는 평균이 m, 표준편차가 2σ인 정규분포를 따른다.

$$\mathrm{P}\left(|X-m| \leq \frac{k\sigma}{2}\right)$$
$$= \mathrm{P}\left(|Y-m| \leq (4-k)\sigma\right)$$

일 때, 상수 k의 값은?

① $\dfrac{1}{2}$ ② 1 ③ $\dfrac{3}{2}$

④ 2 ⑤ $\dfrac{5}{2}$

| 128 | ☐☐☐

두 확률변수 X, Y는 각각 정규분포 $\mathrm{N}(m, \sigma^2)$, $\mathrm{N}(m+\sigma, \sigma^2)$을 따르고, X의 확률밀도함수는 $f(x)$이다. $f(3) = f(6)$이고 $\mathrm{P}(X \leq 3) = \mathrm{P}(Y \geq 12)$일 때, $m\sigma$의 값은?

(단, $\sigma > 0$)

① 9 ② 18 ③ 27

④ 36 ⑤ 45

확률변수 X 가 정규분포 $N(m, \sigma^2)$ 을 따르고 다음 조건을 만족시킨다.

(가) $P(X \geq 6) = P(X \leq 24)$	
(나) $P(11 \leq X \leq 19) = 0.6826$	

$P(9 \leq X \leq 13)$ 의 값을 오른쪽 표준정규분포표를 이용하여 구한 것은?

z	$P(0 \leq Z \leq z)$
0.5	0.1915
1.0	0.3413
1.5	0.4332
2.0	0.4772

① 0.0919　　② 0.1359　　③ 0.1498

④ 0.2417　　⑤ 0.2857

학생 A가 집에서 출발하여 학교까지 가는 데 걸리는 시간은 평균이 30분, 표준편차가 5분인 정규분포를 따른다고 한다. 학생 A가 등교 시각 38분 전에 집에서 출발할 때, 지각할 확률을 오른쪽 표준정규분포표를 이용하여 구한 것은?

z	$P(0 \leq Z \leq z)$
1.4	0.4192
1.6	0.4452
1.8	0.4641
2.0	0.4772

① 0.0548　　② 0.0608　　③ 0.0668

④ 0.0738　　⑤ 0.0808

131

한 연구기관이 고등학생들의 스마트폰 중독 실태를 조사하여 일주일 동안의 스마트폰 접속시간이 a분 이상이면 스마트폰 중독으로 판정한다. 어떤 지역 고등학생들의 일주일 동안의 스마트폰 접속시간을 알아보았더니 평균 265분, 표준편차 40분인 정규분포를 이루고 있는 이 지역 고등학생 전체의 6.68 %가 스마트폰 중독으로 분류가 되었다. a의 값을 오른쪽 표준정규분포표를 이용하여 구한 것은?

z	$P(0 \leq Z \leq z)$
0.5	0.1915
1.0	0.3413
1.5	0.4332
2.0	0.4772

① 315   ② 325   ③ 335

④ 345   ⑤ 355

132

한 개의 주사위를 720번 던질 때, 5의 눈이 나오는 횟수를 확률변수 X라 하자. 확률 $P(100 \leq X \leq 130)$의 값을 오른쪽 표준정규분포표를 이용하여 구한 것은?

z	$P(0 \leq Z \leq z)$
0.5	0.1915
1.0	0.3413
1.5	0.4332
2.0	0.4772

① 0.5328   ② 0.6247   ③ 0.6826

④ 0.8185   ⑤ 0.9104

정규분포 $N(25, \sigma^2)$을 따르는 확률변수 X에 대하여

$$P(k \le X \le k+8) = 0.8664$$

를 만족시키는 실수 k가 오직 한 개 존재할 때, 그 k의 값을 k_1이라 하자. $k_1 \times \sigma$의 값을 오른쪽 표준정규분포표를 이용하여 구한 것은? (단, σ는 양의 상수이다.)

z	$P(0 \le Z \le z)$
0.5	0.1915
1.0	0.3413
1.5	0.4332
2.0	0.4772

① 56 ② 60 ③ 64
④ 68 ⑤ 72

확률변수 X는 평균이 m인 정규분포를 따르고, 확률변수 X의 확률밀도함수 $f(x)$가

$$f(25) < f(8) < f(23)$$

을 만족시킨다. 평균 m이 자연수일 때, m의 값을 구하시오.

| **135** |--□□□

양의 실수 t에 대하여 확률변수 X가 정규분포 $\mathrm{N}(t^2, 3^2)$을 따를 때, 함수 $f(t)$를

$$f(t) = \mathrm{P}(2t \le X \le 2t + 6)$$

이라 하자. 함수 $f(t)$가 $t = \alpha$에서 최댓값 M을 가질 때, $\alpha \times M$의 값을 오른쪽 표준정규분포표를 이용하여 구한 것은?

z	$\mathrm{P}(0 \le Z \le z)$
0.5	0.1915
1.0	0.3413
1.5	0.4332
2.0	0.4772

① 1.3652 ② 1.9088 ③ 2.0478
④ 2.5992 ⑤ 2.8632

■ **통계적추정**

| **136** |--□□□

표준편차가 σ인 정규분포를 따르는 모집단에서 크기가 81인 표본을 임의추출할 때, 신뢰도 99 %로 추정한 모평균에 대한 신뢰구간의 길이가 h이다. 동일한 모집단에서 크기가 n인 표본을 임의추출할 때, 신뢰도 99 %로 추정한 모평균에 대한 신뢰구간의 길이가 $\dfrac{h}{2}$일 때, n의 값을 구하시오. (단, Z가 표준정규분포를 따르는 확률변수일 때, $\mathrm{P}(|Z| \le 2.58) = 0.99$로 계산한다.)

| 137 | ⊢□-□-□

다음은 어느 모집단의 확률분포를 나타낸 표이다.

X	-1	0	1	계
$P(X=x)$	$\dfrac{1}{4}$	$\dfrac{1}{2}$	a	1

이 모집단에서 크기가 10인 표본을 임의추출할 때, 표본평균 $\overline{X}$ 의 평균과 분산의 합은?

① $\dfrac{1}{4}$ ② $\dfrac{1}{8}$ ③ $\dfrac{1}{12}$

④ $\dfrac{1}{16}$ ⑤ $\dfrac{1}{20}$

| 138 | ⊢□-□-□

다음은 어느 모집단의 확률분포표이다.

X	-1	1	계
$P(X=x)$	a	b	1

이 모집단에서 크기가 4인 표본을 임의추출할 때, 표본평균 $\overline{X}$ 의 분산은 $V(\overline{X})=\dfrac{1}{4}$ 이다.

a^2+b^2의 값은?

① $\dfrac{1}{2}$ ② $\dfrac{9}{16}$ ③ $\dfrac{5}{8}$

④ $\dfrac{11}{16}$ ⑤ $\dfrac{3}{4}$

| 139 | ⊡⊡⊡

어느 모집단의 확률변수 X에 대하여
확률질량함수가

$$P(X=k) = \frac{{}_3\mathrm{C}_k}{8} \ (k = 0,\ 1,\ 2,\ 3)$$

이다. 이 모집단에서 임의추출한 크기가 3인
표본의 표본평균을 $\overline{X}$라 할 때, $\mathrm{V}(10\overline{X})$의 값을
구하시오.

| 140 | ⊡⊡⊡

확률변수 X가 정규분포 $\mathrm{N}(m,\ \sigma^2)$을 따르고, 이
분포를 따르는 모집단에서 크기가 4인 표본을
임의추출하여 구한 표본평균을 $\overline{X}$라 하자.
$\mathrm{P}(|\overline{X} - m| \leq a) = 0.9282$일 때,
$\mathrm{P}(|X - m| \leq a)$의
값을 오른쪽
표준정규분포표를
이용하여 구한 것은?
(단, a는 상수이다.)

z	$\mathrm{P}(0 \leq Z \leq z)$
0.9	0.3159
1.2	0.3849
1.5	0.4332
1.8	0.4641

① 0.4514　　② 0.5762　　③ 0.6318

④ 0.6771　　⑤ 0.6826

어느 회사에서 생산된 라면 한 봉지에 포함된 나트륨 함량은 평균 m, 표준편차 σ인 정규분포를 따르며, $m = 1.2\sigma$인 관계가 성립한다고 한다. 이 회사에서 생산된 라면 중에서 임의로 추출한 4봉지에 포함된 나트륨 함량의 평균이 $1.5m$ 이상 $2m$ 이하일 확률을 오른쪽 표준정규분포표를 이용하여 구한 것은? (단, 나트륨 함량의 단위는 mg이다.)

z	$P(0 \le Z \le z)$
1.2	0.3849
1.6	0.4452
2.0	0.4772
2.4	0.4918

① 0.0466   ② 0.0522   ③ 0.0603
④ 0.1069   ⑤ 0.1125

어느 회사에서 판매한 음료수의 용량은 평균이 120, 표준편차가 5인 정규분포를 따른다고 한다. 이 회사에서 판매한 음료수 중에 n개를 임의추출하여 그 평균을 $\overline{X}$ 라 할 때, $P(119 \le \overline{X} \le 121) \ge 0.7$을 만족시키는 자연수 n의 최솟값을 오른쪽 표준정규분포표를 이용하여 구하시오. (단, 용량의 단위는 mL이다.)

z	$P(0 \le Z \le z)$
0.84	0.3000
1.04	0.3500
1.24	0.3920
1.44	0.4250

143 □□□

어느 회사에서 생산하는 초콜릿 한 개의 무게는 평균이 m, 표준편차가 σ인 정규분포를 따른다고 한다. 이 회사에서 생산하는 초콜릿 중에서 임의추출한, 크기가 49인 표본을 조사하였더니 초콜릿 무게의 표본평균의 값이 $\overline{x}$이었다. 이 결과를 이용하여, 이 회사에서 생산하는 초콜릿 한 개의 무게의 평균 m에 대한 신뢰도 95 %의 신뢰구간을 구하면 $1.73 \leq m \leq 1.87$이다.

$\dfrac{\sigma}{\overline{x}} = k$일 때, $180k$의 값을 구하시오.

(단, 무게의 단위는 g이고, Z가 표준정규분포를 따르는 확률변수일 때
$P(0 \leq Z \leq 1.96) = 0.475$로 계산한다.)

144 □□□

어느 공장에서 생산한 냉장고의 내부 온도는 모평균이 m, 모표준편차가 σ인 정규분포를 따른다고 한다. 이 공장에서 생산한 냉장고 100개를 임의추출하여 측정한 결과 신뢰도 95 %로 추정한 모평균 m에 대한 신뢰구간이 $2 \leq m \leq 4$였다. 이 공장에서 생산한 냉장고 81개를 임의추출하여 신뢰도 95 %로 추정한 모평균 m에 대한 신뢰구간이 $a \leq m \leq b$일 때, $b - a$의 값은?
(단, 내부온도의 단위는 ℃이고, Z가 표준정규분포를 따르는 확률변수일 때
$P(0 \leq Z \leq 1.96) = 0.4750$이다.)

① $\dfrac{19}{9}$ ② $\dfrac{20}{9}$ ③ $\dfrac{7}{3}$

④ $\dfrac{22}{9}$ ⑤ $\dfrac{23}{9}$

어느 공장에서 생산된 제품의 무게는 평균이 m, 표준편차가 7인 정규분포를 따른다고 한다. 이 공장에서 생산된 제품 중 임의추출한 n개의 무게의 평균이 30.5이었다. 이 결과를 이용하여 이 공장에서 생산된 제품의 무게의 평균 m을 신뢰도 99 %로 추정한 신뢰구간이 $27.92 \leq m \leq k$일 때, $n+k$의 값은?
(단, 무게의 단위는 g이고, Z가 표준정규분포를 따르는 확률변수일 때 $\mathrm{P}(0 \leq Z \leq 2.58) = 0.4950$ 이다.)

① 54.70   ② 64.08   ③ 72.28
④ 82.08   ⑤ 96.28

정규분포 $\mathrm{N}(m, \sigma^2)$을 따르는 모집단에서 크기가 9인 표본을 임의추출하여 얻은 표본평균이 14이고, 이 결과를 이용하여 모평균 m에 대한 신뢰도 95 %의 신뢰구간을 구하면 $a \leq m \leq b$이다. 세 수 a, $3a$, b가 이 순서대로 등차수열을 이룰 때, σ의 값은? (단, Z가 표준정규분포를 따르는 확률변수일 때, $\mathrm{P}(0 \leq Z \leq 1.96) = 0.4750$이다.)

① $\dfrac{60}{7}$ ② $\dfrac{80}{7}$ ③ $\dfrac{100}{7}$
④ $\dfrac{120}{7}$ ⑤ 20

어느 고등학교 학생들의 일주일 동안의 과일
섭취량은 평균이 m, 표준편차가 σ인 정규분포를
따른다고 한다. 이 고등학교 학생 중 49명을
임의추출하여 얻은 표본평균을 이용하여, 모평균
m에 대한 신뢰도 95%의 신뢰구간을 구하면
$78.03 \leq m \leq 83.63$이다. 이 고등학교 학생 중
n명을 다시 임의추출하여 얻은 표본평균을
이용하여, 모평균 m에 대한 신뢰도 99%의
신뢰구간을 구하면 $78.55 \leq m \leq 82.85$이다.
자연수 n의 값을 구하시오. (단, 섭취량의 단위는
g이고, Z가 표준정규분포를 따르는 확률변수일
때, $\mathrm{P}(|Z| \leq 1.96)= 0.95$,
$\mathrm{P}(|Z| \leq 2.58)= 0.99$로 계산한다.)

주머니에 1, 2, 2, 3, 3, 3의 숫자가 각각 하나씩
적힌 6개의 공이 들어 있다. 이 주머니에서 임의로
1개의 공을 꺼내어 공에 적혀 있는 수를 확인한
후 다시 넣는다. 이와 같은 시행을 3번 반복할 때,
꺼낸 공에 적혀 있는 수의 평균을 $\overline{X}$ 라 하자.
$\mathrm{P}(1 < \overline{X} < 2) = \dfrac{k}{216}$ 일 때, 자연수 k의 값을
구하시오.

주머니에 2, 4, 6의 숫자가 적혀 있는 공이 각각
1개, 2개, 3개 들어 있다. 이 주머니에서 임의로
1개의 공을 꺼내어 공에 적혀 있는 수를 확인한 후
다시 넣는다. 이와 같은 시행을 2번 반복할 때,
꺼낸 공에 적혀 있는 두 수의 평균을 $\overline{X}$ 라 하자.
$\overline{X}$ 의 값에 따라 다음과 같은 방식으로 점수 Y 를
얻는 게임을 할 때, $\mathrm{E}(Y)$ 의 값은?

$\overline{X} \leq 3$ 이면 $Y = 2$, $3 < \overline{X} < 6$ 이면
$Y = 4$, $\overline{X} = 6$ 이면 $Y = 8$

① $\dfrac{9}{2}$ ② $\dfrac{41}{9}$ ③ $\dfrac{83}{18}$

④ $\dfrac{14}{3}$ ⑤ $\dfrac{85}{18}$

어느 공장에서 생산되는 비누 한 개의 무게는
평균이 100, 표준편차가 2인 정규분포를 따른다고
한다. 이 공장에서 생산된 비누 중에 임의추출한
4개를 한 상자로 포장하여 그 무게가 392 이상인
경우 납품하려고 한다. 이 공장에서 생산된 비누
중 임의로 4개를 택하여 한 상자에 담을 때, 그
상자가 납품될 확률을
오른쪽 표준정규분포표를
이용하여 구한 것은?
(단, 상자의 무게는
고려하지 않고, 무게의
단위는 g이다.)

z	$\mathrm{P}(0 \leq Z \leq z)$
0.5	0.1915
1.0	0.3413
1.5	0.4332
2.0	0.4772

① 0.8185   ② 0.8413   ③ 0.9104

④ 0.9332   ⑤ 0.9772

수능고쟁이 미니모의고사

수학 영역

성명		수험 번호	

○ 문제지의 해당란에 성명과 수험 번호를 정확히 쓰시오.

○ 답안지의 해당란에 성명과 수험 번호를 쓰고, 또 수험 번호, 답을 정확히 표시하시오.

○ 단답형 답의 숫자에 '0'이 포함되면 그 '0'도 답란에 반드시 표시하시오.

○ 계산은 문제지의 여백을 활용하시오.

※ 시험이 시작되기 전까지 표지를 넘기지 마시오.

이투스교육

제 1회

5지선다형

1. 서로 다른 종류의 주스 5병과 같은 종류의 초콜릿 8개를 같은 종류의 봉투 3개에 남김없이 나누어 넣으려고 한다. 각 봉투에 주스가 2병 이하로 들어가도록 나누어 넣는 경우의 수는?

① 495   ② 540   ③ 585   ④ 630   ⑤ 675

2. 서로 다른 2개의 주사위를 동시에 던져서 나온 눈의 수를 각각 a, b라 하고, 함수

$$f(x) = x^3 - 6x^2 + 9x$$

에 대하여 $f(a) < f(b)$인 사건을 A라 하자. 이 2개의 주사위를 동시에 던지는 시행을 360번 반복하여 사건 A가 일어나는 횟수를 확률변수 X라 할 때, $E(X)$의 값은?

① 108   ② 124   ③ 140   ④ 156   ⑤ 172

3. 숫자 1이 적힌 공 1개와 숫자 2가 적힌 공 2개, 숫자 3이 적힌 공 3개가 들어 있는 주머니가 있다. 이 주머니에서 임의로 한 개의 공을 꺼내는 시행을 4번할 때, 꺼낸 공에 적힌 수를 차례로 a, b, c, d라 하면 $a \le b \le c \le d$일 확률은?

(단, 한 번 꺼낸 공은 다시 주머니에 넣지 않는다.)

① $\dfrac{1}{15}$　② $\dfrac{2}{15}$　③ $\dfrac{1}{5}$　④ $\dfrac{4}{15}$　⑤ $\dfrac{1}{3}$

4. 한 개의 동전을 던지는 시행을 두 번 이상 반복하여 다음과 같은 규칙에 따라 점수를 얻는 게임을 하려고 한다.

(규칙1) 앞면이 나오면 2점을 획득하고 뒷면이 나오면 1점을 획득한다.

(규칙2) 같은 면이 연달아 나오면 1점을 추가로 획득한다.

점수의 총합이 처음으로 4점 이상이 되었을 때 동전을 던진 횟수를 확률변수 X라 하자. $V(X)$의 값은?

① $\dfrac{1}{8}$　② $\dfrac{3}{16}$　③ $\dfrac{1}{4}$　④ $\dfrac{5}{16}$　⑤ $\dfrac{3}{8}$

5. 한 개의 주사위를 3번 던져서 나온 눈의 수를 순서대로 a, b, c라 하자. abc가 짝수일 때, a가 홀수일 확률이 $\dfrac{q}{p}$일 때, $p+q$의 값을 구하시오. (단, p와 q는 서로소인 자연수이다.)

6. 그림과 같이 정사각형 모양으로 연결된 도로망이 있다. A는 도로망을 따라 P지점에서 출발하여 R지점까지 최단거리로 이동하고, B는 S지점에서 출발하여 Q지점까지 최단거리로 이동한다. 두 사람 A, B가 만나도록 최단거리로 이동하는 경우의 수를 구하시오. (단, A, B는 동시에 출발하고 같은 속력으로 이동한다고 가정한다.)

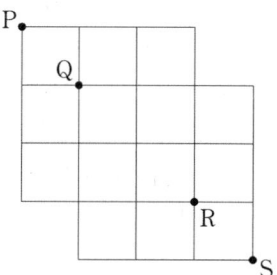

수능고쟁이 미니모의고사

수학 영역

성명		수험 번호	

○ 문제지의 해당란에 성명과 수험 번호를 정확히 쓰시오.

○ 답안지의 해당란에 성명과 수험 번호를 쓰고, 또 수험 번호, 답을 정확히 표시하시오.

○ 단답형 답의 숫자에 '0'이 포함되면 그 '0'도 답란에 반드시 표시하시오.

○ 계산은 문제지의 여백을 활용하시오.

※ 시험이 시작되기 전까지 표지를 넘기지 마시오.

이투스교육

5지선다형

1. 세 명의 학생 A, B, C에게 같은 종류의 초콜릿 10개를 남김없이 나누어 줄 때, 초콜릿을 7개 이상 받은 학생이 존재하지 않는 경우의 수는?

(단, 1개도 받지 못하는 학생이 있을 수 있다.)

① 24   ② 30   ③ 36   ④ 42   ⑤ 48

2. 주머니 속에 흰 구슬 3개와 검은 구슬 n개가 들어 있다. 이 주머니에서 임의로 2개의 구슬을 동시에 꺼낼 때, 흰 구슬 1개와 검은 구슬 1개가 나올 확률은 $\frac{4}{7}$이다. 자연수 n의 값은?

① 3   ② 4   ③ 5   ④ 6   ⑤ 7

3. 이항분포 $B\!\left(9,\dfrac{1}{3}\right)$을 따르는 확률변수 X에 대하여 확률변수 Y는 9 이하의 음이 아닌 정수를 값으로 갖고 두 상수 a, b에 대하여

$$P(Y=9-k)=aP(X=k)+b \ \ (k=0,\,1,\,2,\,\cdots,\,9)$$

가 성립한다. $E(Y)=9$일 때, $a+b$의 값은?

① $\dfrac{8}{5}$　　② 2　　③ $\dfrac{12}{5}$　　④ $\dfrac{14}{5}$　　⑤ $\dfrac{16}{5}$

4. 두 집합 $X=\{1,2,3,4,5,6,7,8\}$, $Y=\{2,3,4,5\}$에 대하여 다음 조건을 만족시키는 함수 $f:X\to Y$의 개수는?

(가) $x_1<x_2$이면 $f(x_1)\le f(x_2)$이다.
(나) 함수 f의 치역의 원소 개수는 3이다.
(다) $f(1)+f(2)\ne f(6)$

① 60　　② 63　　③ 66　　④ 69　　⑤ 72

5. 어느 공장에서 배출되는 오염물질의 농도는 평균이 2.5, 표준편차가 σ인 정규분포를 따른다고 한다. 이 공장에서 배출되는 오염물질의 농도 X가

$$P(X \geq 3) = \frac{8}{9}P(a \leq X \leq 3) = 0.16$$

을 만족시킬 때, $10(a+\sigma)$의 값을 오른쪽 표준정규분포표를 이용하여 구하시오. (단, a는 상수이고, 농도의 단위는 ppm이다.)

z	$P(0 \leq Z \leq z)$
0.4	0.16
0.6	0.23
0.8	0.29
1.0	0.34

6. 집합 $A = \{1, 2, 3\}$에서 A로의 임의의 두 함수 f, g가 $k \in A$인 모든 k에 대하여 $g(f(k)) \neq k$를 만족시킬 때, 함수 f의 치역이 집합 A와 같을 확률은 $\dfrac{q}{p}$이다. $p+q$의 값을 구하시오. (단, p와 q는 서로소인 자연수이다.)

수능고쟁이 미니모의고사

수학 영역

성명		수험 번호	

○ 문제지의 해당란에 성명과 수험 번호를 정확히 쓰시오.

○ 답안지의 해당란에 성명과 수험 번호를 쓰고, 또 수험 번호, 답을 정확히 표시하시오.

○ 단답형 답의 숫자에 '0'이 포함되면 그 '0'도 답란에 반드시 표시하시오.

○ 계산은 문제지의 여백을 활용하시오.

※ 시험이 시작되기 전까지 표지를 넘기지 마시오.

이투스교육

5지선다형

1. 어느 학교 학생들의 하루 음악 감상 시간은 평균이 m분, 표준편차가 20분인 정규분포를 따른다고 한다. 이 학교 학생들을 대상으로 100명을 임의추출하여 조사한 음악 감상 시간의 표본평균이 60분 이상일 확률이 0.0228일 때, m의 값을 오른쪽 표준정규분포표를 이용하여 구한 값은?

z	$P(0 \le Z \le z)$
0.5	0.1915
1.0	0.3413
1.5	0.4332
2.0	0.4772

① 48 　　② 52 　　③ 56 　　④ 60 　　⑤ 64

2. 집합 $X = \{0, 1, 2, 3\}$에서 X로의 함수 f 중에서 다음 조건을 만족시키는 함수의 개수는?

(가) $f(0) = 0$
(나) 함수 f의 치역의 모든 원소의 합은 5 이하이다.

① 50 　　② 52 　　③ 54 　　④ 56 　　⑤ 58

3. 한 개의 주사위를 세 번 던져서 나오는 눈의 수를 차례로 a, b, c라 하자. $a \geq b$일 때, $a > c$일 확률은?

① $\dfrac{11}{18}$　　② $\dfrac{5}{9}$　　③ $\dfrac{1}{2}$　　④ $\dfrac{4}{9}$　　⑤ $\dfrac{7}{18}$

4. 수직선의 원점에 점 P가 있다. 한 개의 동전을 한 번 던지는 시행을 반복하여 각 시행에서 나온 결과에 대하여 다음 규칙에 따라 점 P를 이동시킨다.

> (가) 첫 번째 시행에서 앞면이 나오면 점 P를 양의 방향으로 1만큼 이동시키고, 뒷면이 나오면 이동시키지 않는다.
>
> (나) k $(k \geq 2)$번째 시행에서 나온 결과가 $k-1$번째 시행에서 나온 결과와 같으면 점 P를 양의 방향으로 1만큼 이동시키고, 다르면 이동시키지 않는다.

예를 들어 동전을 6번 던져 '앞면, 뒷면, 앞면, 앞면, 뒷면, 뒷면'이 나오면 점 P의 좌표는 $1+0+0+1+0+1=3$이다. 한 개의 동전을 16번 던진 뒤 점 P의 좌표를 확률변수 X라 할 때, $\mathrm{E}(X^2)$의 값은?

① 66　　② 68　　③ 70　　④ 72　　⑤ 74

5. 한 개의 주사위를 6번 던질 때 6의 약수의 눈이 나오는 횟수를 a라 하고 9의 약수의 눈이 나오는 횟수를 b라 할 때, $a=b$일 확률은 $\dfrac{q}{p}$이다. $p+q$의 값을 구하시오.

(단, p와 q는 서로소인 자연수이다.)

6. 그림과 같이 정육각형 1개와 모두 합동인 정사각형 6개로 이루어진 도형이 있다. 1부터 6까지의 모든 자연수를 6개의 정사각형에 하나씩 적으려고 한다. 마주보는 두 정사각형에 적힌 두 수의 합이 짝수인 두 정사각형이 존재하도록 자연수를 적는 경우의 수를 구하시오.

(단, 회전하여 일치하는 것은 같은 것으로 본다.)

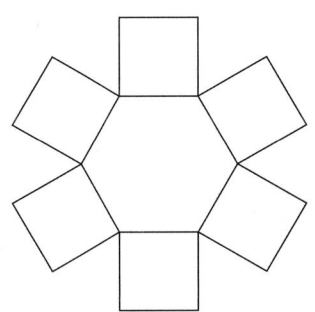

수능고쟁이 미니모의고사

수학 영역

성명		수험 번호	

○ 문제지의 해당란에 성명과 수험 번호를 정확히 쓰시오.

○ 답안지의 해당란에 성명과 수험 번호를 쓰고, 또 수험 번호, 답을 정확히 표시하시오.

○ 단답형 답의 숫자에 '0'이 포함되면 그 '0'도 답란에 반드시 표시하시오.

○ 계산은 문제지의 여백을 활용하시오.

※ 시험이 시작되기 전까지 표지를 넘기지 마시오.

제 4 회

5지선다형

1. 한 개의 동전을 100번 던져서 앞면이 나오는 횟수를 확률변수 X라 하자.

$P(X \geq a) = 0.8413$을 만족시키는 실수 a의 값을 오른쪽 표준정규분포표를 이용하여 구한 것은?

z	$P(0 \leq Z \leq z)$
0.5	0.1915
1.0	0.3413
1.5	0.4332
2.0	0.4772

① 35   ② 40   ③ 45   ④ 50   ⑤ 55

2. 한 개의 주사위를 5번 던져서 3의 배수의 눈이 나오는 횟수를 a, 3의 배수가 아닌 눈이 나오는 횟수를 b라 할 때, $ab > 5$일 확률은?

① $\dfrac{119}{243}$ ② $\dfrac{40}{81}$ ③ $\dfrac{121}{243}$ ④ $\dfrac{122}{243}$ ⑤ $\dfrac{41}{81}$

3. 다음 조건을 만족시키는 집합 $X = \{1, 2, 3, 4, 5\}$에서 X로의 함수 f의 개수는?

> (가) $f(1) \leq f(3) \leq f(5)$
>
> (나) $(a+1) \times f(a)$의 값이 홀수인 $a\,(a \in X)$가 존재한다.

① 720   ② 725   ③ 730   ④ 735   ⑤ 740

4. 두 자연수 m, σ에 대하여 정규분포 $\mathrm{N}(m, \sigma^2)$을 따르는 모집단이 있다. 이 모집단에서 크기가 4인 표본을 임의추출하여 구한 표본평균 $\overline{X}$가

$$\mathrm{P}(11 \leq \overline{X} \leq 15) \leq \mathrm{P}(13 \leq \overline{X} \leq 17)$$

을 만족시키고 $\mathrm{P}(12 \leq \overline{X} \leq 16) = 0.6247$일 때, 오른쪽 표준정규분포표를 이용하여 구한 m, σ의 합 $m + \sigma$의 값은?

z	$\mathrm{P}(0 \leq Z \leq z)$
0.5	0.1915
0.8	0.2881
1.0	0.3413
1.5	0.4332
1.7	0.4554

① 17   ② 18   ③ 19   ④ 20   ⑤ 21

5. 숫자 1, 2, 3, 4가 하나씩 적혀 있는 4개의 흰 상자와 숫자 1, 2, 3, 4가 하나씩 적혀 있는 4개의 검은 상자가 있다. 이 8개의 상자를 다음 조건을 만족시키도록 일렬로 쌓아 올리는 경우의 수를 구하시오.

(가) 검은 상자는 작은 수가 적힌 상자부터 크기 순서로 쌓아 올린다.

(나) 1이 적힌 흰 상자와 1이 적힌 검은 상자는 서로 이웃한다.

---

6. 주머니 A에는 검은 공 2개가 들어 있고, 주머니 B에는 검은 공 2개와 흰 공 2개가 들어 있다. 주머니 B에서 임의로 2개의 공을 꺼내어 꺼낸 공의 색이 같으면 꺼낸 공을 주머니 B에 넣고 색이 다르면 꺼낸 공을 주머니 A에 넣은 후, 두 주머니 A, B에서 각각 임의로 한 개의 공을 꺼낼 때 꺼낸 공이 모두 검은 공일 확률이 $\dfrac{q}{p}$ 일 때, $p+q$의 값을 구하시오.

(단, p와 q는 서로소인 자연수이다.)

수능고쟁이 미니모의고사

수학 영역

성명 [   ]　　수험 번호 [   ]

○ 문제지의 해당란에 성명과 수험 번호를 정확히 쓰시오.

○ 답안지의 해당란에 성명과 수험 번호를 쓰고, 또 수험 번호, 답을
　정확히 표시하시오.

○ 단답형 답의 숫자에 '0'이 포함되면 그 '0'도 답란에 반드시 표시하시오.

○ 계산은 문제지의 여백을 활용하시오.

※ 시험이 시작되기 전까지 표지를 넘기지 마시오.

이투스교육

5지선다형

1. 빨간 공, 파란 공, 노란 공, 흰 공이 각각 10개씩 있는 상자에서 다음 조건을 만족시키도록 공을 선택하는 경우의 수는? (단, 1개도 선택되지 않는 공이 있을 수 있고, 같은 색의 공은 서로 구별하지 않는다.)

(가) 선택된 모든 공의 개수는 10 이하이다.
(나) 선택된 빨간 공의 개수는 3 이상이다.
(다) 선택된 파란 공, 노란 공, 흰 공의 개수의 합은 5 이상이다.

① 150 ② 155 ③ 160 ④ 165 ⑤ 170

2. A 학교 학생들의 통학 시간은 평균이 40분, 표준편차가 σ분인 정규분포를 따르고, B 학교 학생들의 통학 시간은 평균이 35분, 표준편차가 2분인 정규분포를 따른다. A, B 학교 학생들을 대상으로 각각 16명을 임의추출하여 조사한 통학 시간의 표본평균을 각각 $\overline{X}$, $\overline{Y}$라 하자. $P(\overline{X} \le 44) = P(\overline{Y} \ge 33)$일 때, $P(\overline{X} \le 38)$의 값을 오른쪽 표준정규분포표를 이용하여 구한 것은?

z	$P(0 \le Z \le z)$
0.5	0.1915
1.0	0.3413
1.5	0.4332
2.0	0.4772

① 0.0228 ② 0.0668 ③ 0.1498 ④ 0.1582 ⑤ 0.3085

3. 각 면에 1, 2, 3, 4의 숫자가 하나씩 적혀 있는 정사면체 모양의 상자가 있다. 이 상자를 네 번 던져 밑면에 적힌 숫자를 차례로 a, b, c, d라 하자. 좌표평면 위의 두 점 (a, b), $(c, -d)$의 중점이 직선 $y = -x + 2$ 위의 점일 때, $c = d$일 확률은?

① $\dfrac{1}{10}$ ② $\dfrac{1}{5}$ ③ $\dfrac{3}{10}$ ④ $\dfrac{2}{5}$ ⑤ $\dfrac{1}{2}$

4. 선생님 1명, 여학생 2명, 남학생 2명에게 같은 종류의 마스크 12장을 각각 1장 이상씩 남김 없이 나누어 주려고 한다. 여학생이 받은 마스크의 개수의 합이 5이거나 남학생이 받은 마스크의 개수의 합이 5가 되도록 마스크를 나누어 주는 경우의 수는?

① 96 ② 98 ③ 100 ④ 102 ⑤ 104

수학 영역

단답형

5. 한 개의 주사위를 두 번 던져서 나오는 눈의 수를 차례로 a, b라 하자. ab가 짝수이고 $a > b$일 확률이 $\dfrac{q}{p}$일 때, $p+q$의 값을 구하시오. (단, p와 q는 서로소인 자연수이다.)

6. 1, 2, 3, 4의 숫자가 하나씩 적힌 카드가 2장씩 총 8장이 있다. 이 8장의 카드를 숫자가 보이지 않게 뒤집어 놓은 상태에서 임의로 3장의 카드를 동시에 뒤집어 카드에 적힌 수를 확인할 때, 다음 규칙에 따라 확률변수 X를 정한다.

> (가) 세 수가 모두 다른 경우 그 중 가장 큰 수를 X로 한다.
> (나) 세 수 중 두 수가 같은 경우 그 수를 X로 한다.

예를 들어, ⊡ ⊡ ⊡ 1 3 4 가 나온 경우 $X=4$이고, 2 2 3 이 나온 경우 $X=2$이다. $\mathrm{E}(X)=\dfrac{q}{p}$일 때, $p+q$의 값을 구하시오.

(단, p와 q는 서로소인 자연수이다.)

수능고쟁이 미니모의고사

수학 영역

성명		수험 번호	

○ 문제지의 해당란에 성명과 수험 번호를 정확히 쓰시오.

○ 답안지의 해당란에 성명과 수험 번호를 쓰고, 또 수험 번호, 답을 정확히 표시하시오.

○ 단답형 답의 숫자에 '0'이 포함되면 그 '0'도 답란에 반드시 표시하시오.

○ 계산은 문제지의 여백을 활용하시오.

※ 시험이 시작되기 전까지 표지를 넘기지 마시오.

이투스교육

5지선다형

1. 한 개의 주사위를 2번 던져서 나오는 눈의 수를 차례로 a, b라 하자. ab가 18의 배수일 때, $a \geq b$일 확률은?

① $\dfrac{1}{2}$ ② $\dfrac{2}{3}$ ③ $\dfrac{3}{4}$ ④ $\dfrac{4}{5}$ ⑤ $\dfrac{5}{6}$

2. 모평균이 m, 모표준편차가 50인 정규분포를 따르는 모집단에서 크기가 n인 표본을 임의추출하여 구한 표본평균이 $\overline{x}$이고, 이를 이용하여 구한 모평균 m에 대한 신뢰도 95%의 신뢰구간이 $30.2 \leq m \leq 49.8$이다. $\dfrac{\overline{x}}{n}$의 값은?

(단, Z가 표준정규분포를 따르는 확률변수일 때, $P(|Z| \leq 1.96) = 0.95$로 계산한다.)

① $\dfrac{2}{5}$ ② $\dfrac{9}{20}$ ③ $\dfrac{1}{2}$ ④ $\dfrac{11}{20}$ ⑤ $\dfrac{3}{5}$

3. 서로 다른 3개의 주사위를 동시에 한 번 던질 때, 나온 눈의 수의 최댓값이 4 이상이면 나온 눈의 수의 최댓값을 점수로 얻고, 3 이하이면 나온 눈의 수를 모두 합한 값을 점수로 얻는 게임이 있다. 이 게임을 한 번하여 얻은 점수가 6일 확률은?

① $\dfrac{7}{27}$　② $\dfrac{35}{108}$　③ $\dfrac{7}{18}$　④ $\dfrac{49}{108}$　⑤ $\dfrac{14}{27}$

4. 확률변수 X는 정규분포 $N(8, 4^2)$, 확률변수 Y는 정규분포 $N(m, 4^2)$을 따른다.

$$P(X \le 2m) \ge P(Y \ge 6)$$

을 만족시키는 10 이하의 양수 m의 값에 대하여 $P(10 \le Y \le 12)$의 최솟값을 오른쪽 표준정규분포를 이용하여 구한 것은?

z	$P(0 \le Z \le z)$
1.0	0.3413
1.5	0.4332
2.0	0.4772
2.5	0.4938

① 0.0166　② 0.0440　③ 0.0606　④ 0.0919　⑤ 0.1359

5. 자연수 n에 대하여 $abc = 6^n$을 만족시키는 세 자연수 a, b, c의 모든 순서쌍 (a, b, c)의 개수가 100일 때, n의 값을 구하시오.

6. 집합 $X = \{1, 2, 3, 4, 5, 6\}$에 대하여 다음 조건을 만족시키는 함수 $f : X \rightarrow X$의 개수를 구하시오.

(가) 집합 X의 임의의 두 원소 a, b에 대하여
$a < b$이면 $f(a) \leq f(b)$이다.

(나) 집합 X의 어떤 원소 a에 대하여
$f(a+1) = f(a) + 3$이다.

수능고쟁이 미니모의고사

수학 영역

성명		수험 번호	

○ 문제지의 해당란에 성명과 수험 번호를 정확히 쓰시오.

○ 답안지의 해당란에 성명과 수험 번호를 쓰고, 또 수험 번호, 답을
   정확히 표시하시오.

○ 단답형 답의 숫자에 '0'이 포함되면 그 '0'도 답란에 반드시 표시하시오.

○ 계산은 문제지의 여백을 활용하시오.

이투스교육

제 7 회

5지선다형

1. 3보다 큰 자연수 n이

$$\sum_{k=3}^{n} \log_4 \left({}_{2k}C_0 + {}_{2k}C_2 + {}_{2k}C_4 + \cdots + {}_{2k}C_{2k} \right) = 30$$

을 만족시킬 때, n의 값은?

① 6　　　② 7　　　③ 8　　　④ 9　　　⑤ 10

2. 한 개의 주사위를 던져서 6의 약수의 눈이 나오면 동전을 5번 던지고, 6의 약수의 눈이 나오지 않으면 동전을 3번 던진다. 이 시행에서 동전의 앞면이 나온 횟수가 2일 때, 동전을 3번 던졌을 확률은?

① $\dfrac{1}{4}$　　② $\dfrac{3}{8}$　　③ $\dfrac{1}{2}$　　④ $\dfrac{5}{8}$　　⑤ $\dfrac{3}{4}$

3. 어느 묘목장에서 기르는 묘목의 높이는 평균이 $100\,\mathrm{cm}$, 표준편차가 $16\,\mathrm{cm}$인 정규분포를 따른다고 한다. 이 묘목장에서 묘목의 높이가 큰 것부터 차례대로 1급지, 2급지, 3급지의 세 구역으로 나누어 관리하려 하는데 전체 묘목 중에서 각 구역이 차지하는 비율을 35 %, 30 %, 35 %로 계획하였다. 2급지에서 관리하게 되는 묘목의 높이(cm)의 최댓값과 최솟값의 차를 오른쪽 표준정규분포표를 이용하여 구한 것은?

z	$\mathrm{P}(0 \leq Z \leq z)$
0.39	0.15
0.52	0.20
0.67	0.25
0.84	0.30

① 12.48   ② 14.44   ③ 16.64   ④ 21.44   ⑤ 26.88

4. 좌표평면 위의 점 $(0,\,1)$에 점 A가 있다. 동전 1개를 사용하여 다음 시행을 한다.

> 동전을 한 번 던져
> 앞면이 나오면 점 A를 x축의 방향으로 1만큼,
> 뒷면이 나오면 점 A를 y축의 방향으로 1만큼
> 이동시킨다.

위의 시행을 10번 반복하여 점 A가 직선 $y = x$ 위의 점 중 점 $(5,\,5)$만 지날 확률은?

① $\dfrac{3}{256}$ ② $\dfrac{1}{64}$ ③ $\dfrac{5}{256}$ ④ $\dfrac{3}{128}$ ⑤ $\dfrac{7}{256}$

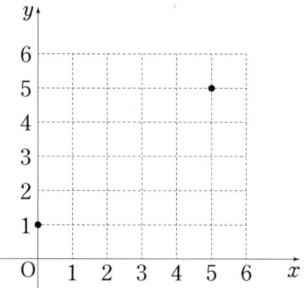

5. 정규분포 $N(0, 4^2)$을 따르는 모집단에서 크기가 16인 표본을 임의추출하여 구한 표본평균을 $\overline{X}$, 크기가 25인 표본을 임의추출하여 구한 표본평균을 $\overline{Y}$라 하자.

$P(\overline{X} \leq 5) \geq 1 - P(\overline{Y} \geq a)$를 만족시키는 모든 자연수 a의 값의 합을 구하시오.

6. 흰 공 1개, 검은 공 1개, 빨간 공 3개, 파란 공 9개를 똑같은 4개의 상자에 남김없이 나누어 넣을 때, 다음 조건을 만족시키는 경우의 수를 구하시오.

(단, 같은 색의 공끼리는 서로 구별하지 않는다.)

(가) 모든 상자에는 적어도 1개의 공을 넣는다.
(나) 흰 공과 검은 공은 같은 상자에 넣지 않는다.
(다) 흰 공과 검은 공이 들어 있지 않고, 빨간 공과 파란 공이 적어도 한 개씩 총 5개가 들어 있는 상자가 오직 한 개 존재한다.

수능고쟁이 미니모의고사

수학 영역

성명		수험 번호	

○ 문제지의 해당란에 성명과 수험 번호를 정확히 쓰시오.

○ 답안지의 해당란에 성명과 수험 번호를 쓰고, 또 수험 번호, 답을
정확히 표시하시오.

○ 단답형 답의 숫자에 '0'이 포함되면 그 '0'도 답란에 반드시 표시하시오.

○ 계산은 문제지의 여백을 활용하시오.

※ 시험이 시작되기 전까지 표지를 넘기지 마시오.

이투스교육

5지선다형

1. 확률변수 X는 정규분포 $N(1, 2^2)$, 확률변수 Y는 정규분포 $N(2, 1^2)$을 따를 때,

$$P(1 \le X \le 5) = P(k \le Y \le 2)$$

가 성립한다. 상수 k의 값은?

① -3 ② -2 ③ -1 ④ 0 ⑤ 1

2. 그림과 같이 1이 적힌 카드가 1장, 2가 적힌 카드가 2장, 3이 적힌 카드가 3장, 4가 적힌 카드가 4장이 있다. 이 10장의 카드에서 임의로 2장의 카드를 선택할 때, 선택된 2장의 카드에 적힌 수가 서로 다를 확률은?

① $\dfrac{4}{9}$ ② $\dfrac{5}{9}$ ③ $\dfrac{2}{3}$ ④ $\dfrac{7}{9}$ ⑤ $\dfrac{8}{9}$

3. 정규분포 $N(m, \sigma^2)$를 따르는 확률변수 X가

$P(X \geq 30) = P(X \leq 70) = 0.9772$를 만족시킨다.

이 모집단에서 크기가 100인 표본을 임의추출할 때, 표본평균과 모평균의 차이가 1 이하일 확률을 오른쪽 표준정규분포표를 이용하여 구한 것은?

z	$P(0 \leq Z \leq z)$
0.5	0.1915
1.0	0.3413
1.5	0.4332
2.0	0.4772

① 0.4552 ② 0.4855 ③ 0.5328 ④ 0.6247 ⑤ 0.6826

4. 흰 공 7개, 검은 공 6개가 들어 있는 주머니가 있다. 이 주머니에서 공을 한 개씩 13번 꺼내려고 한다. 흰 공을 꺼낸 바로 다음 검은 공을 꺼내는 횟수가 2번이 되도록 모든 공을 꺼내는 경우의 수는? (단, 같은 색의 공은 서로 구분하지 않고 꺼낸 공은 주머니에 다시 넣지 않는다.)

① 310 ② 315 ③ 320 ④ 325 ⑤ 330

단답형

5. 그림과 같이 일정한 간격으로 8개의 의자가 배치되어 있는 원탁이 있다. 이 원탁에 다음 조건을 만족시키도록 교사 2명, 남학생 3명, 여학생 3명이 둘러앉는 경우의 수를 구하시오.

(단, 회전하여 일치하는 것은 같은 것으로 본다.)

> (가) 교사는 서로 이웃한다.
> (나) 어느 두 남학생도 서로 이웃하지 않는다.

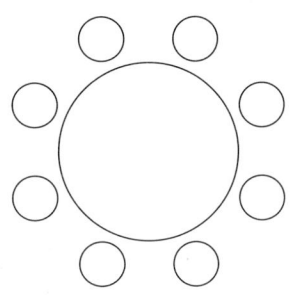

6. 주머니 A에는 흰 공 3개와 검은 공 2개, 주머니 B에는 흰 공 2개와 검은 공 2개가 들어 있고, 주머니 C는 비어 있다. 한 개의 주사위를 던져서 3의 배수의 눈이 나오면 주머니 A에서 임의로 2개의 공을 꺼내어 주머니 C에 넣고, 3의 배수의 눈이 나오지 않으면 주머니 B에서 임의로 2개의 공을 꺼내어 주머니 C에 넣는다. 이와 같은 시행을 2번 반복할 때, 주머니 C에 들어 있는 흰 공의 개수가 3 이상일 확률은 $\dfrac{q}{p}$ 이다. $p+q$의 값을 구하시오. (단, p와 q는 서로소인 자연수이다.)

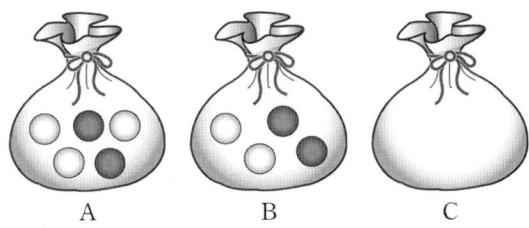

A   B   C

수능고쟁이 미니모의고사

수학 영역

성명		수험 번호	

○ 문제지의 해당란에 성명과 수험 번호를 정확히 쓰시오.

○ 답안지의 해당란에 성명과 수험 번호를 쓰고, 또 수험 번호, 답을
  정확히 표시하시오.

○ 단답형 답의 숫자에 '0'이 포함되면 그 '0'도 답란에 반드시 표시하시오.

○ 계산은 문제지의 여백을 활용하시오.

※ 시험이 시작되기 전까지 표지를 넘기지 마시오.

이투스교육

제 9 회

5지선다형

1. 네 명의 학생에게 흰 공 5개와 검은 공 4개를 다음 조건을 만족시키도록 남김없이 나누어 주는 경우의 수는?

(단, 같은 색의 공은 서로 구별이 되지 않는다.)

> (가) 각 학생은 흰 공 또는 검은 공을 적어도 1개 받는다.
> (나) 흰 공을 4개 이상 받은 학생이 있다.

① 130   ② 132   ③ 134   ④ 136   ⑤ 138

2. 다음은 어느 학교 전체 학생 200명을 대상으로 등교 시 마스크 착용 여부를 조사한 표이다.

(단위 : 명)

구분	마스크 착용	마스크 미착용	합계
남학생	x	y	120
여학생	$135-x$	$65-y$	80

이 학교에서 임의로 선택한 1명이 남학생일 사건을 A, 마스크를 착용한 학생일 사건을 B라 하자. 두 사건 A, B가 서로 독립일 때, $x-y$의 값은?

① 42   ② 43   ③ 44   ④ 45   ⑤ 46

3. 1, 1, 2, 4, 5가 각각 하나씩 적혀 있는 5개의 공이 들어 있는 주머니에서 동시에 2개의 공을 임의로 꺼내어 꺼낸 공에 적힌 수의 차를 확인한 후 다시 넣는다. 이와 같은 시행을 20번 반복하여 확인한 20개의 차의 합을 확률변수 X라 할 때, $V(X)$의 값은?

① 44   ② $\dfrac{176}{5}$ ③ $\dfrac{132}{5}$ ④ $\dfrac{88}{5}$ ⑤ $\dfrac{44}{5}$

4. 다음 조건을 만족시키는 좌표평면 위의 9개의 점 (p, q)가 있다. 이 9개의 점 중에서 임의로 선택한 두 점을 지나는 직선을 l_1이라 하고, 남은 7개의 점 중에서 임의로 선택한 두 점을 지나는 직선을 l_2라 하자. 두 직선 l_1, l_2가 한 점에서만 만나거나 두 직선 l_1, l_2의 기울기의 곱이 1일 확률은?

(가) p, q는 자연수이다.
(나) $1 \le p \le 3$, $1 \le q \le 3$

① $\dfrac{157}{189}$ ② $\dfrac{160}{189}$ ③ $\dfrac{163}{189}$ ④ $\dfrac{166}{189}$ ⑤ $\dfrac{169}{189}$

단답형

5. 이산확률변수 X의 확률질량함수가

$$P(X=x)=ax^2+b \ (x=0, 1, 2)$$

이다. $E\left(\dfrac{X}{a}\right)=13$일 때, $P(X=1)$이 $\dfrac{q}{p}$일 때, $p+q$의 값을 구하시오. (단, a, b는 상수이고 p와 q는 서로소인 자연수이다.)

6. 두 집합 $X=\{1, 2, 4, 6, 8, 10\}$, $Y=\{2, 3, 4, 6, 8\}$에 대하여 다음 조건을 만족시키는 함수 $f:X \to Y$의 개수를 구하시오.

(가) x가 짝수이면 $f(x)$도 짝수이다.
(나) $x_1 < x_2$이면 $f(x_1) \leq f(x_2)$이다.
(다) 함수 f의 치역의 원소 개수는 4이다.

수능고쟁이 미니모의고사

수학 영역

| 성명 | | 수험 번호 | |

○ 문제지의 해당란에 성명과 수험 번호를 정확히 쓰시오.

○ 답안지의 해당란에 성명과 수험 번호를 쓰고, 또 수험 번호, 답을
정확히 표시하시오.

○ 단답형 답의 숫자에 '0'이 포함되면 그 '0'도 답란에 반드시 표시하시오.

○ 계산은 문제지의 여백을 활용하시오.

※ 시험이 시작되기 전까지 표지를 넘기지 마시오.

이투스교육

5지선다형

1. 어느 지역에서 재배되는 방울토마토의 무게는 평균이 m이고 표준편차가 8인 정규분포를 따른다고 한다. 이 지역에서 임의로 선택한 방울토마토의 무게가 $2m$ 이하일 확률이 0.9938일 때, 이 지역에서 임의로 선택한 방울토마토의 무게가 12 이상이고 32 이하일 확률을 오른쪽 표준정규분포표를 이용하여 구한 것은? (단, 무게의 단위는 g이다.)

z	$P(0 \le Z \le z)$
1.0	0.3413
1.5	0.4332
2.0	0.4772
2.5	0.4938

① 0.6826 ② 0.7745 ③ 0.8185 ④ 0.9104 ⑤ 0.9270

2. 다음 조건을 만족시키는 세 자연수 a, b, c의 모든 순서쌍 (a, b, c)의 개수는?

> (가) $\log_2 a + \log_2 b + \log_2 c = 6$
>
> (나) $a + b \ge 3$

① 25 ② 26 ③ 27 ④ 28 ⑤ 29

3. 정규분포를 따르는 어떤 모집단에서 크기가 n인 표본을 임의추출하여 신뢰도 $\alpha\%$로 추정한 모평균의 신뢰구간의 길이를 l이라 하자. 같은 모집단에서 크기가 $n \times 5^k$ (k는 자연수)인 표본을 임의추출하여 신뢰도 $\alpha\%$로 추정한 모평균의 신뢰구간의 길이를 d_k라 하면 $\displaystyle\sum_{k=1}^{\infty} d_{2k} = 5$이다. l의 값은?

① 20   ② 21   ③ 22   ④ 23   ⑤ 24

4. 주머니 A에는 1, 2, 3의 숫자가 하나씩 적혀 있는 흰 공 3개가 들어 있고, 주머니 B에는 2, 3, 4의 숫자가 하나씩 적혀 있는 검은 공 3개가 들어 있다. 주머니 A와 B에서 각각 임의로 2개의 공을 동시에 꺼내어 이 4개의 공을 임의로 일렬로 나열하고, 나열된 순서대로 공에 적혀 있는 수를 a, b, c, d라 할 때, $a < b \leq c < d$일 확률은?

① $\dfrac{1}{24}$ ② $\dfrac{5}{108}$ ③ $\dfrac{11}{216}$ ④ $\dfrac{1}{18}$ ⑤ $\dfrac{13}{216}$

5. 주머니에 1부터 7까지의 자연수가 각각 하나씩 적혀 있는
7개의 공이 있다. 이 주머니에서 임의로 2개의 공을 동시에
꺼낼 때, 꺼낸 두 공에 적힌 수의 합이 짝수일 확률은 $\dfrac{q}{p}$ 이다.
$p+q$ 의 값을 구하시오. (단, p 와 q 는 서로소인 자연수이다.)

6. 그림과 같이 한 변의 길이가 1인 정사각형 16개로 이루어진
도로망이 있다. 이 도로망을 따라서 A 지점에서 B 지점까지
이동할 때, 이동한 거리가 10인 경우의 수를 구하시오.
(단, 한 번 지나간 도로는 다시 지나지 않는다.)

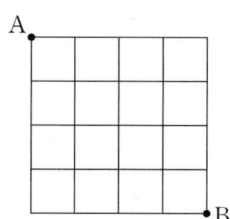

실전+수능
고쟁이

너기출
평가원 기출
완전 분석

수능 수학을 책임지는
이투스북

NEW
어삼쉬사
수능의 허리
완벽 대비

실전+수능
고쟁이
실전 대비
고난도 집중 훈련

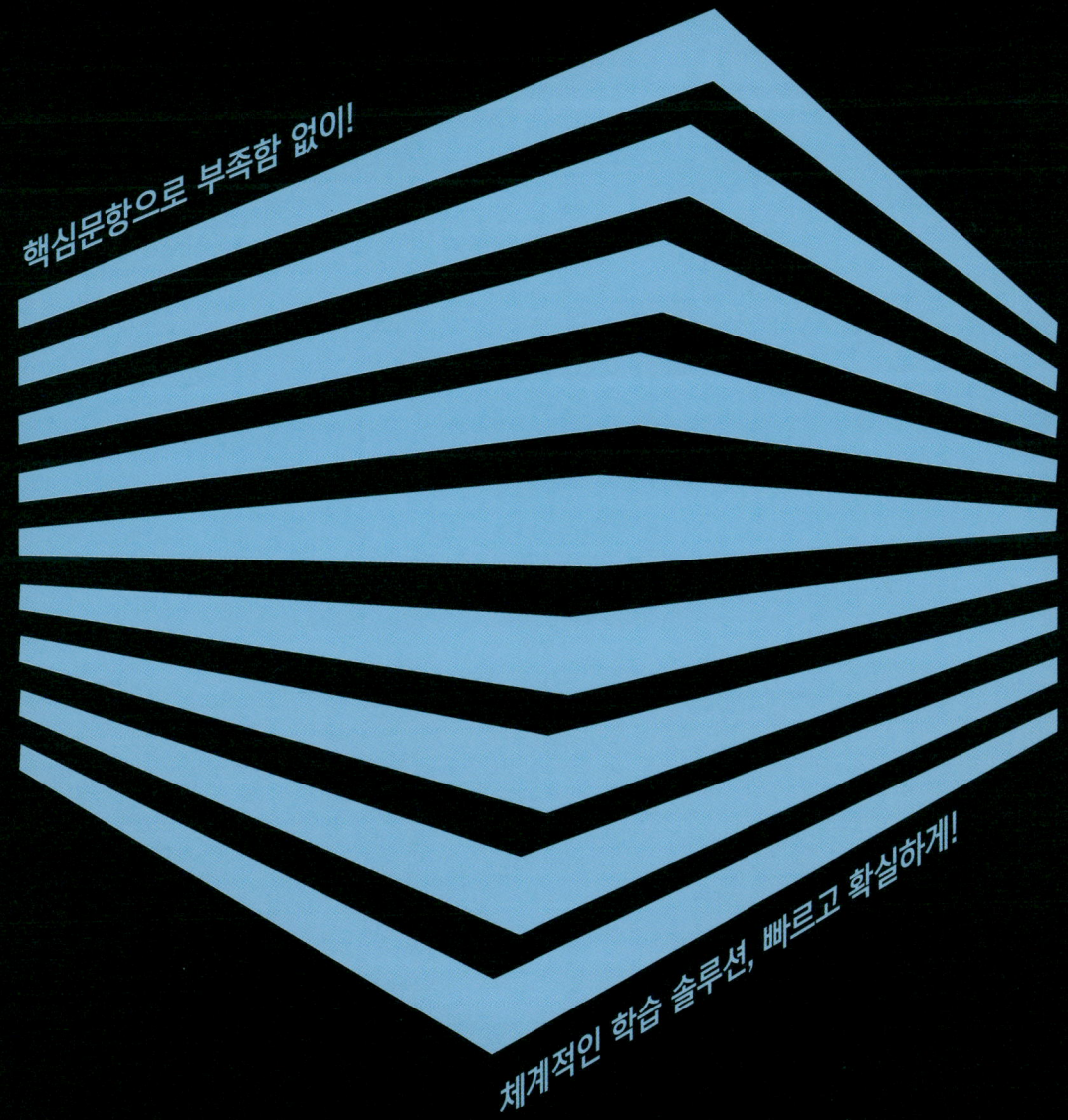

실전 + 수능
고쟁이

핵심문항으로 부족함 없이!

체계적인 학습 솔루션, 빠르고 확실하게!

확률과 통계

정답과 풀이

이투스북

Speed Check

I 경우의 수

1일차

001 24	002 ①	003 ②	004 ④	005 ①
006 ④	007 ⑤	008 96	009 61	010 ③
011 500	012 694	013 ④	014 ④	015 ④
016 ③	017 ④	018 ④	019 ④	020 ③
021 ①	022 26	023 81	024 ①	025 ⑤
026 ②	027 ③	028 57		

2일차

029 ③	030 ⑤	031 220	032 ⑤	033 269
034 45	035 504	036 110	037 21	038 144
039 43	040 ①	041 ①	042 4	043 406
044 78	045 286	046 ②	047 ⑤	048 ③
049 ①	050 112			

II 확률

본문 p.32~57

3일차

051 ⑤	052 ③	053 11	054 6	055 41
056 ⑤	057 23	058 ①	059 ③	060 ①
061 4	062 ③	063 ②	064 11	065 ②
066 9	067 34	068 30	069 40	070 ④
071 48	072 40	073 ⑤	074 ③	075 48
076 150	077 22			

4일차

078 ④	079 ④	080 13	081 ⑤	082 ②
083 ①	084 143	085 103	086 ③	087 ④
088 ②	089 283	090 ③	091 ①	092 ④
093 ②	094 ④	095 ②	096 ④	097 ⑤
098 5	099 ③	100 ②		

III 통계

본문 p.60~84

5일차

101 ⑤	102 12	103 ⑤	104 44	105 ②
106 ⑤	107 ①	108 41	109 ③	110 ④
111 ②	112 ⑤	113 ⑤	114 ③	115 ①
116 ③	117 ③	118 ③	119 ③	120 10
121 50	122 ②			

6일차

123 ①	124 ③	125 ②	126 ③	127 ④
128 ③	129 ④	130 ①	131 ②	132 ④
133 ①	134 16	135 ③	136 324	137 ⑤
138 ①	139 25	140 ③	141 ④	142 28
143 25	144 ②	145 ④	146 ③	147 144
148 27	149 ⑤	150 ⑤		

부록 수능고쟁이 미니모의고사

7일차 미니모의고사 1회

1. ⑤   **2.** ③   **3.** ②   **4.** ②

5. 10   **6.** 176

8일차 미니모의고사 2회

1. ③   **2.** ②   **3.** ④   **4.** ③

5. 32   **6.** 17

9일차 미니모의고사 3회

1. ③   **2.** ⑤   **3.** ②   **4.** ②

5. 793   **6.** 72

10일차 미니모의고사 4회

1. ③   **2.** ②   **3.** ④   **4.** ③

5. 420   **6.** 17

11일차 미니모의고사 5회

1. ②   **2.** ①   **3.** ③   **4.** ⑤

5. 4   **6.** 59

12일차 미니모의고사 6회

1. ②   **2.** ①   **3.** ④   **4.** ①

5. 3   **6.** 105

13일차 미니모의고사 7회

1. ③   **2.** ②   **3.** ①   **4.** ⑤

5. 10   **6.** 196

14일차 미니모의고사 8회

1. ④   **2.** ④   **3.** ⑤   **4.** ②

5. 288   **6.** 6

15일차 미니모의고사 9회

1. ④   **2.** ①   **3.** ②   **4.** ②

5. 34   **6.** 16

16일차 미니모의고사 10회

1. ②   **2.** ③   **3.** ①   **4.** ②

5. 10   **6.** 224

실전 ✛ 수능
고쟁이

수능 빈출 유형
정답과 풀이

확률과 통계

I

경우의 수

| SPEED CHECK |
001 24	**002** ①	**003** ②	**004** ④
005 ①	**006** ④	**007** ⑤	**008** 96
009 61	**010** ③	**011** 500	**012** 694
013 ④	**014** ④	**015** ④	**016** ③
017 ④	**018** ④	**019** ④	**020** ③
021 ①	**022** 26	**023** 81	**024** ①
025 ⑤	**026** ②	**027** ③	**028** 57

| 001 | 정답 24

부모가 마주보고 자리에 앉는 경우의
수는 1이고,
부모가 마주보고 앉으면 자리를
고정하는 역할을 하여 다른 4자리의
위치가 구분된다.
따라서 구하는 경우의 수는 $4! = 24$

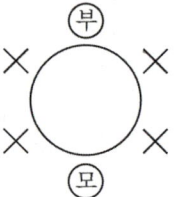

| 002 | 정답 ①

서로 다른 6가지 색 중에서 다섯 영역에 칠하지 않을 색을
선택하는 방법의 수가 6이므로
다섯 부분에 칠할 색 5가지를 선택하는 방법의 수도 6이고,
5가지의 색 중에서 가운데 영역에 칠할 색을 고르는
방법의 수는 5이다.
남은 4가지의 색을 나머지 합동인 4개의
직각이등변삼각형에 칠하는 것은 서로 다른 4개를
원형으로 배열하는 것과 구조적으로 동일하므로
그 경우의 수는 $(4-1)! = 6$
따라서 구하는 방법의 수는 $6 \times 5 \times 6 = 180$

| 003 | 정답 ②

B, C, D, E의 색을 비어있는 4개의 영역에 칠하는
경우의 수는 4!
이때 위의 4!가지의 각 경우는 회전하여 2개씩 같은
모양이 된다.
따라서 구하는 경우의 수는 $\dfrac{4!}{2} = 12$이다.

|004| 정답 ④

8개의 영역을 서로 다른 8가지 색으로 칠하는 방법의
수는 8!
이때 회전하여 4개씩 같은 모양이 되므로 구하는 경우의
수는

$$n = \frac{8!}{4}$$

$$\therefore \frac{n}{4!} = \frac{8!}{4 \times 4!} = \frac{8 \times 7 \times 6 \times 5}{4} = 420$$

다른 풀이

원의 내부의 4개의 영역에 칠할 색을 선택한 후 배열하는
경우의 수는

$${}_8C_4 \times \frac{4!}{4}$$

나머지 4개의 영역에 칠할 색을 배열하는 경우의 수는
4!이므로

$$n = {}_8C_4 \times \frac{4!}{4} \times 4!$$

$$\therefore \frac{n}{4!} = {}_8C_4 \times \frac{4!}{4} = \frac{8 \times 7 \times 6 \times 5}{4!} \times \frac{4!}{4} = 420$$

|005| 정답 ①

선생님의 양 옆에 앉을 여학생 1명, 남학생 1명을
선택하는 경우의 수는 ${}_3C_1 \times {}_3C_1 = 9$
선택된 2명이 선생님의 왼쪽, 오른쪽에 앉는 경우의 수는
$2! = 2$
남은 4명의 학생이 남은 자리에 앉는 경우의 수는 $4! = 24$
따라서 구하는 경우의 수는 $9 \times 2 \times 24 = 432$이다.

다른 풀이

7명이 원형으로 앉는 전체 경우의 수는

$$\frac{7!}{7} = 6! = 720$$이다.

이때 선생님의 양 옆에 같은 성별의 학생이 앉는 경우의
수를 제외해주면 된다.
(i) 선생님의 양 옆에 남학생이 앉을 때
　　선생님의 양 옆에 남학생 2명이 앉는 경우의 수는
　　${}_3P_2 = 6$
　　남은 4명의 학생이 남은 자리에 앉는 경우의 수는
　　$4! = 24$
　　따라서 이때의 경우의 수는 $6 \times 24 = 144$이다.
(ii) 선생님의 양 옆에 여학생이 앉을 때
　　(i)과 마찬가지로 이때의 경우의 수는 144이다.
(i), (ii)에 의하여 구하는 경우의 수는
$720 - (144 + 144) = 432$이다.

|006| 정답 ④

작은 정사각형의 내부에 칠할 색의 등급을 정하는 경우의
수는 ${}_3C_1 = 3$이고, 정해진 등급에 따라 각각의 색 A, B,
C, D를 칠하는 경우의 수는 $(4-1)! = 6$이다.
작은 정사각형의 외부에 칠할 색의 등급을 정하는 경우의
수는 ${}_2C_1 = 2$이고, 정해진 등급에 따라 각각의 색 A, B,
C, D를 칠할 때, 이웃한 영역과 서로 다른 종류의 색을
칠하는 경우의 수는 다음과 같이 9이다.

내부	A	B	C	D
외부				

```
            A ---- D ---- C
      B <   C ---- D ---- A
            D ---- A ---- C
            A ---- D ---- B
      C <   D ---- A ---- B
            B ---- A
            A ---- B ---- C
      D <   C ---- A ---- B
            B ---- A
```

따라서 구하는 경우의 수는
$3 \times 6 \times 2 \times 9 = 324$

|007| 정답 ⑤

칠면체에서 정삼각형 모양의 면에 칠할 색을 선택하는
경우의 수는 ${}_7C_1 = 7$(가지)이다.
직각이등변삼각형 모양의 면에 칠할 색을 선택하는
경우의 수는 ${}_6C_3 = 20$(가지),
이때 선택된 세 가지 색을 직각이등변삼각형 모양의
면에 칠하는 경우의 수는 $(3-1)! = 2$(가지)이다.
정사각형 모양의 면에 나머지 3개의 색을 칠하는
경우의 수는 $3! = 6$(가지)
따라서 구하는 경우의 수는 $7 \times 20 \times 2 \times 6 = 1680$이다.

|008| 정답 96

조건 (가)에 의하여 1, 3, 5, 7을 배열하는 경우의 수는
$(4-1)!$이고, 2, 4, 6, 8을 배열하는 경우의 수는
4!이므로 어느 두 짝수도 이웃하지 않도록 8개의 수를
적는 경우의 수는 $3! \times 4! = 144$이다.
조건 (가)에 의하여 마주보는 두 수는 (홀수, 홀수) 또는
(짝수, 짝수)이므로 두 수의 합이 12보다 큰 경우는
(6, 8) 뿐이다. 짝수를 배열할 때 6, 8을 서로 마주보도록
적은 다음 2, 4를 배열하는 경우의 수는 2!이고 1, 3, 5,
7을 배열하는 경우의 수는 4!이므로 6, 8이 마주보는
경우의 수는 $2! \times 4! = 48$이다.
따라서 구하는 경우의 수는 $144 - 48 = 96$이다.

| 009 | 정답 61

$f(a)f(b)f(c)=0$

$\Leftrightarrow f(a)=0$ 또는 $f(b)=0$ 또는 $f(c)=0$

집합 $X=\{a,b,c\}$에서 집합 $Y=\{0,2,4,6,8\}$로의 함수의 개수는

서로 다른 5개 중에서 3개를 선택하는 중복순열의 수와 같으므로

$_5\Pi_3=125$

이때 집합 $X=\{a,b,c\}$에서 집합 $Z=\{2,4,6,8\}$로의 함수 g를 생각하면 구하는 함수의 개수는 집합 X에서 집합 Y로의 함수의 개수에서 $g:X\to Z$의 개수를 뺀 것과 같다. 그런데 함수 g의 개수는 서로 다른 4개 중에서 3개를 선택하는 중복순열의 수와 같으므로 $_4\Pi_3=64$

따라서 $f(a)f(b)f(c)=0$을 만족시키는 함수 f의 개수는

$125-64=61$

다른 풀이

$f(a)f(b)f(c)=0$

$\Leftrightarrow f(a)=0$ 또는 $f(b)=0$ 또는 $f(c)=0$

(ⅰ) $f(a)=0$인 함수 f의 개수는 $5^2=25$

마찬가지로 $f(b)=0$, $f(c)=0$인 함수 f도 각각 25개씩 존재한다.

(ⅱ) $f(a)=0$이고 $f(b)=0$인 함수 f의 개수는 5,

$f(b)=0$이고 $f(c)=0$인 함수 f의 개수도 5,

$f(c)=0$이고 $f(a)=0$인 함수 f의 개수도 5이다.

(ⅲ) $f(a)=0$이고 $f(b)=0$이고 $f(c)=0$인 함수 f는 1개 존재한다.

(ⅰ), (ⅱ), (ⅲ)에 의하여 구하는 함수 f의 개수는

$25+25+25-5-5-5+1=61$

| 010 | 정답 ③

5장의 카드를 서로 다른 세 상자에 넣는 전체 방법의 수는

$_3\Pi_5=3^5=243$

5장의 카드가 모두 하나의 상자에 들어가는 방법의 수는 3

4장의 카드가 모두 하나의 상자에 들어가고

남은 1장의 카드가 남은 두 상자 중 하나에 들어가는 경우의 수는 $_5C_4\times3\times2=30$

따라서 구하는 방법의 수는 $243-3-30=210$이다.

| 011 | 정답 500

$f(1)=1$이면 $f(f(1))=1$이므로 조건을 만족시키지 않는다.

$f(1)=k$ (단, $k=2,3,4,5$)인 경우

$f(f(1))=f(k)=5$이고

1과 k를 제외한 나머지 3개의 원소를 대응시키는 경우의 수는 $_5\Pi_3$이므로 구하는 함수 f의 개수는

$4\times_5\Pi_3=4\times5^3=500$

| 012 | 정답 694

꽃병 A에 $n\,(3\le n\le6)$송이의 꽃을 꽂으면 남은 $6-n$송이의 꽃은 각각 서로 다른 3개의 꽃병 B, C, D 중에서 중복을 허락하여 하나씩 선택해서 꽂으면 된다.

따라서 구하는 경우의 수는

$$\sum_{n=3}^{6}(_6C_n\times_3\Pi_{6-n})=20\times3^3+15\times3^2+6\times3+1$$

$$=694$$

| 013 | 정답 ④

집합 X에서 함수 f의 치역의 원소가 될 3개의 수를 뽑는 경우의 수는 $_5C_3=10$

함수 f의 치역을 $\{a,b,c\}\,(a\ne b,\,b\ne c,\,c\ne a)$라 하면

먼저 $f(1)$의 값이 될 수 있는 수는 $a,\,b,\,c$로 3개이다.

다음으로 $f(1)=a$일 때 조건 (나)에 의하여 $f(2)$의 값이 될 수 있는 수는 $b,\,c$로 2개이고,

마찬가지로 생각한다면 $f(3),\,f(4),\,f(5)$의 값이 될 수 있는 수 또한 각각 2개씩이다.

이때 조건 (가)를 만족시키기 위해서는 함수 f의 치역의 원소가 2이면 안 되므로 함수 f의 치역이 $\{a,b,c\}$일 때 가능한 함수 f의 개수는

$3\times(_2\Pi_4-2)=42$

따라서 구하는 모든 함수 f의 개수는 $10\times42=420$이다.

| 014 | 정답 ④

(ⅰ) $A\cap B=\{1,2\}$일 때

나머지 원소인 3, 4, 5, 6은 $A-B$ 또는 $B-A$에 포함되어야 하므로 가능한 경우의 수는

$_2\Pi_4=2^4=16$

(ⅱ) $A\cap B=\{1,2,3\}$일 때

나머지 원소인 4, 5, 6은 $A-B$ 또는 $B-A$에 포함되어야 하므로 가능한 경우의 수는

$_2\Pi_3=2^3=8$

(ⅲ) $A\cap B=\{1,2,4\}$일 때

나머지 원소인 3, 5, 6은 $A-B$ 또는 $B-A$에 포함되어야 하므로 가능한 경우의 수는

$_2\Pi_3=2^3=8$

(iv) $A \cap B = \{1, 2, 3, 4\}$일 때

나머지 원소인 5, 6은 $A - B$ 또는 $B - A$에
포함되어야 하므로 가능한 경우의 수는

$$_2\Pi_2 = 2^2 = 4$$

따라서 (i)~(iv)에 의하여 구하는 모든 순서쌍의 개수는
36이다.

| 015 | 정답 ④

3의 배수는 각 자릿수의 합이 3의 배수이므로
가능한 경우는 $(1, 1, 1, 3)$, $(1, 1, 2, 2)$, $(1, 2, 3, 3)$
밖에 없다.

(i) 1, 1, 1, 3으로 만드는 4자리 수 $\dfrac{4!}{3!} = 4$(가지)

(ii) 1, 1, 2, 2로 만드는 4자리 수 $\dfrac{4!}{2!2!} = 6$(가지)

(iii) 1, 2, 3, 3으로 만드는 4자리 수 $\dfrac{4!}{2!} = 12$(가지)

(i), (ii), (iii)에 의하여 구하는 것의 개수는
$4 + 6 + 12 = 22$

| 016 | 정답 ③

각 자리의 수를 각각 a, b, c, d, e라 하면
$a \times b \times c \times d \times e = 1000 = 2^3 \times 5^3$
이므로 a, b, c, d, e 중에서 3개는 5이고
나머지 두 개는 1과 8 또는 2와 4이다.
(i) 각 자리의 수가 5, 5, 5, 1, 8일 때

$$\dfrac{5!}{3!} = 20$$

(ii) 각 자리의 수가 5, 5, 5, 2, 4일 때

$$\dfrac{5!}{3!} = 20$$

(i), (ii)에 의하여 구하는 자연수의 개수는
$20 + 20 = 40$

| 017 | 정답 ④

$7 = 1 + 1 + 5 = 1 + 2 + 4 = 1 + 3 + 3 = 2 + 2 + 3$이므로
다음과 같이 경우를 나눌 수 있다.
(i) 함숫값이 1, 1, 5인 경우

$f(1)$, $f(2)$, $f(3)$과 1, 1, 5를 짝짓는 경우의 수는
1, 1, 5를 일렬로 나열하는 경우의 수와 같으므로

$$\dfrac{3!}{2!} = 3$$

(ii) 함숫값이 1, 2, 4인 경우

$f(1)$, $f(2)$, $f(3)$과 1, 2, 4를 짝짓는 경우의 수는
$3! = 6$

(iii) 함숫값이 1, 3, 3인 경우

(i)과 같은 방법으로 경우의 수를 구하면

$$\dfrac{3!}{2!} = 3$$

(iv) 함숫값이 2, 2, 3인 경우

(i)과 같은 방법으로 경우의 수를 구하면

$$\dfrac{3!}{2!} = 3$$

(i)~(iv)에 의하여 구하는 함수 f의 개수는
$3 + 6 + 3 + 3 = 15$

다른 풀이

(i) 함숫값이 1, 1, 5인 경우

$f(1)$, $f(2)$, $f(3)$ 중
1에 대응되는 2개를 고르는 경우의 수는 $_3C_2$
5에 대응되는 1개를 고르는 경우의 수는 $_1C_1$이므로
$_3C_2 \times _1C_1 = 3$이다.

(ii) 함숫값이 1, 2, 4인 경우

1에 대응되는 1개를 고르는 경우의 수는 $_3C_1$
2에 대응되는 1개를 고르는 경우의 수는 $_2C_1$
3에 대응되는 1개를 고르는 경우의 수는 $_1C_1$이므로
$_3C_1 \times _2C_1 \times _1C_1 = 6$이다.

(iii) 함숫값이 1, 3, 3인 경우

(i)과 같은 방법으로 경우의 수를 구하면
$_3C_2 \times _1C_1 = 3$

(iv) 함숫값이 2, 2, 3인 경우

(i)과 같은 방법으로 경우의 수를 구하면
$_3C_2 \times _1C_1 = 3$

(i)~(iv)에 의하여 구하는 함수 f의 개수는
$3 + 6 + 3 + 3 = 15$

| 018 | 정답 ④

$8 = 2^3$이므로 각 함숫값에 따라
다음과 같이 경우를 나눌 수 있다.
(i) 함숫값이 1, 1, 2, 4인 경우

$f(1)$, $f(2)$, $f(3)$, $f(4)$와 1, 1, 2, 4를 짝짓는
경우의 수는 같은 것이 2개 있는 4개를 일렬로
나열하는 경우의 수와 같으므로

$$\dfrac{4!}{2!} = 12$$

(ii) 함숫값이 1, 2, 2, 2인 경우

$f(1)$, $f(2)$, $f(3)$, $f(4)$와 1, 2, 2, 2를 짝짓는
경우의 수는 같은 것이 3개 있는 4개를 일렬로

나열하는 경우의 수와 같으므로

$$\frac{4!}{3!} = 4$$

(i), (ii)에 의하여 구하는 함수 f의 개수는 $12 + 4 = 16$

다른 풀이

(i) 함숫값이 1, 1, 2, 4인 경우
$f(1)$, $f(2)$, $f(3)$, $f(4)$ 중
1에 대응되는 2개를 고르는 경우의 수는 $_4C_2$,
2에 대응되는 1개를 고르는 경우의 수는 $_2C_1$,
4에 대응되는 1개를 고르는 경우의 수는 $_1C_1$이므로
$_4C_2 \times _2C_1 \times _1C_1 = 12$이다.

(ii) 함숫값이 1, 2, 2, 2인 경우
$f(1)$, $f(2)$, $f(3)$, $f(4)$ 중
1에 대응되는 1개를 고르는 경우의 수는 $_4C_1$,
2에 대응되는 3개를 고르는 경우의 수는 $_3C_3$이므로
$_4C_1 \times _3C_3 = 4$이다.

(i), (ii)에 의하여 구하는 함수 f의 개수는 $12 + 4 = 16$

| 019 | 정답 ④

a, b, b, c, c, c의 여섯 문자 중에서 4개의 문자를
선택하는 방법과 각각에 대하여 배열하는 경우의 수는
아래와 같다.

$a, c, c, c \rightarrow \dfrac{4!}{3!} = 4$

$b, c, c, c \rightarrow \dfrac{4!}{3!} = 4$

$b, b, c, c \rightarrow \dfrac{4!}{2!2!} = 6$

$a, b, c, c \rightarrow \dfrac{4!}{2!} = 12$

$a, b, b, c \rightarrow \dfrac{4!}{2!} = 12$

따라서 구하는 경우의 수는
$4 + 4 + 6 + 12 + 12 = 38$

| 020 | 정답 ③

서로 다른 4권의 책을 각각 a, b, c, d라 하자.
구하는 답은 a, b, c, d, □, □를 나열하는 경우의 수와
같으므로 $\dfrac{6!}{2!} = 360$이다.

(예를 들어 d, a, □, c, □, b의 경우 A칸에 d와 a가 이
순서대로, B칸에 c가, C칸에 b가 꽂혀있고

□, □, a, c, b, d의 경우 A칸과 B칸은 비어있고
C칸에 a와 c와 b와 d가 이 순서대로 꽂혀있다.)

다른 풀이

3개의 칸 A, B, C에 꽂힐 책의 권수를 각각
x, y, z라 하자.
방정식 $x + y + z = 4$를 만족시키는 음이 아닌 정수
x, y, z의 순서쌍 (x, y, z)의 개수는 $_3H_4 = 15$이고
이때 서로 다른 4권의 책을 일렬로 배열하는 방법의 수는
$4! = 24$이므로 구하는 경우의 수는
$15 \times 24 = 360$이다.

| 021 | 정답 ①

조건을 만족시키도록 문자 4개를 선택하는 방법은
같은 문자를 4개 선택하거나 서로 다른 두 문자를 각각
2개씩 선택하는 경우이다.
같은 문자를 4개 선택하여 만들 수 있는 모든 문자열의
개수는 $_4C_1 \times 1 = 4$
서로 다른 두 문자를 각각 2개씩 선택하여 만들 수 있는
모든 문자열의 개수는

$$_4C_2 \times \frac{4!}{2!2!} = 6 \times 6 = 36$$

따라서 구하는 경우의 수는 $4 + 36 = 40$이다.

| 022 | 정답 26

그림과 같이 연결되지 않은 두 점
C, D가 연결되었다고 가정하면,
A지점에서 출발하여 B지점까지
최단거리로 가는 경우의 수는

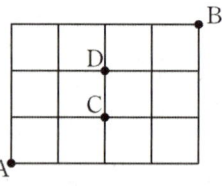

$$\frac{7!}{4!3!} = 35$$

이때 두 점 C, D를 반드시 지나는 경우의 수는

$$\frac{3!}{2!} \times \frac{3!}{2!} = 9$$이므로

구하는 최단거리로 가는 경우의 수는
$35 - 9 = 26$

다른 풀이1

다음과 같이 일일이 세는 방법도 가능하다.

1	4	7	14	26 B
1	3	3	7	12
1	2	3	4	5
A	1	1	1	1

다른 풀이2

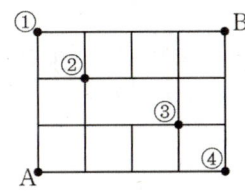

그림과 같이 중간에 반드시 지나게 되는 4개의 지점을 각각 ①, ②, ③, ④라 하자.

(i) ① 지점을 지날 때
최단거리로 가는 경우의 수는 1이다.

(ii) ② 지점을 지날 때
$$\frac{3!}{2!} \times \frac{4!}{3!} = 12$$

이때 ③, ④를 지날 때의 경우의 수는 각각 ②, ①일 때의 경우의 수와 같으므로
구하는 최단거리로 가는 경우의 수는
$$2 \times (1+12) = 26$$

023 정답 81

자연수가 3의 배수가 되려면 각 자리의 숫자의 총합이 3의 배수가 되어야 하므로
$$a \times 10^4 + b \times 10^3 + c \times 10^2 + d \times 10 + e$$
(a, b, c, d, e는 각각 1 또는 2 또는 3)에서

(i) $a+b+c+d+e = 6$일 때
1, 1, 1, 1, 2를 나열하는 경우의 수는 $\frac{5!}{4!} = 5$이다.

(ii) $a+b+c+d+e = 9$일 때
1, 2, 2, 2, 2를 나열하는 경우의 수는 $\frac{5!}{4!} = 5$이다.

1, 1, 2, 2, 3을 나열하는 경우의 수는
$$\frac{5!}{2!2!} = 30$$이다.

1, 1, 1, 3, 3을 나열하는 경우의 수는
$$\frac{5!}{3!2!} = 10$$이다.

(iii) $a+b+c+d+e = 12$일 때
1, 2, 3, 3, 3을 나열하는 경우의 수는 $\frac{5!}{3!} = 20$이다.

2, 2, 2, 3, 3을 나열하는 경우의 수는
$$\frac{5!}{3!2!} = 10$$이다.

(iv) $a+b+c+d+e = 15$일 때
3, 3, 3, 3, 3을 나열하는 경우의 수는 1이다.

(i)~(iv)에서 구하는 자연수의 개수는
$$5 + (5+30+10) + (20+10) + 1 = 81$$이다.

024 정답 ①

그림과 같이 세 지점 P, Q, R에 대하여 P에서 Q로, Q에서 R로 갈 수 있는 도로가 있다고 생각하면 지점 A에서 출발하여 지점 B까지 도로를 따라 최단거리로 가는 경우의 수는

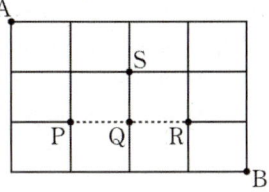

$$\frac{7!}{4!3!} = 35$$이다.

이때 도로 PQ를 거쳐 가는(A→PQ→B) 경우의 수는 $3 \times 3 = 9$이고, 도로 PQ를 거치지 않고 도로 QR를 거쳐 가는(A→SQR→B) 경우의 수는 $3 \times 2 = 6$이므로
구하는 경우의 수는 $35 - (9+6) = 20$이다.

다른 풀이

지점 A에서 출발하여 지점 B까지 도로를 따라 최단거리로 가는 경우를 그림과 같이 지점 C 또는 D 또는 E 또는 F를 거쳐 가는 것으로 나누어 살펴보면

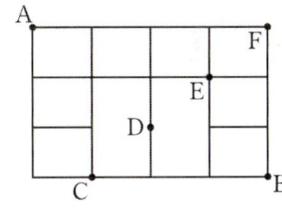

A→C→B : $4 \times 1 = 4$(가지)
A→D→B : $3 \times 1 = 3$(가지)
A→E→B : $4 \times 3 = 12$(가지)
A→F→B : $1 \times 1 = 1$(가지)
따라서 구하는 경우의 수는 $4+3+12+1 = 20$이다.

025 정답 ⑤

A지점에서 출발하여 선분 CD 위의 점을 적어도 한 번 경유해서 B지점까지 최단거리로 가는 경우의 수는 그림과 같이 도로망 전체를 선분 CD에 대하여 대칭이동시켰을 때, 점 A가 대칭된 점이 A′이고, 점 B가 대칭된 점이 B′이라 하면 A지점에서 출발하여 B′지점까지 최단거리로 가는 경우의 수와 같다.

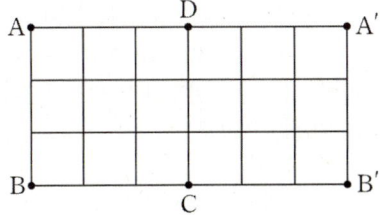

따라서 구하는 경우의 수는 $\frac{9!}{3!6!} = 84$이다.

026 정답 ②

(i) 양 끝에 흰 공, 노란 공이 위치하는 경우의 수
양 끝에 흰 공 1개, 노란 공 1개를 나열하는 경우의
수는 $2! = 2$
남은 흰 공 2개, 노란 공 2개, 파란 공 2개를 일렬로
나열하는 경우의 수는 $\dfrac{6!}{2!2!2!} = 90$
따라서 이때의 경우의 수는 $2 \times 90 = 180$

(ii) 양 끝에 흰 공, 파란 공이 위치하는 경우의 수
양 끝에 흰 공 1개, 파란 공 1개를 나열하는 경우의
수는 $2! = 2$
남은 흰 공 2개, 노란 공 3개, 파란 공 1개를 일렬로
나열하는 경우의 수는 $\dfrac{6!}{2!3!} = 60$
따라서 이때의 경우의 수는 $2 \times 60 = 120$

(iii) 양 끝에 노란 공, 파란 공이 위치하는 경우의 수
(ii)와 마찬가지 방법으로 이때의 경우의 수는 120

(i)~(iii)에 의하여 구하는 경우의 수는
$180 + 120 + 120 = 420$이다.

027 정답 ③

조건 (가)에서 1, 3, 5, 7이 적혀 있는 카드를 같은 것으로
생각하여 7장의 카드를 나열하는 경우의 수는
$\dfrac{7!}{4!} = 210$이다.
이 중 조건 (나)의 여사건은 이웃한 두 카드에 적힌 숫자의
곱이 모두 짝수인 경우이므로
홀, 짝, 홀, 짝, 홀, 짝, 홀
의 순서로 카드가 나열되는 경우이고 이 경우의 수는
짝수가 적힌 3장의 카드를 나열하는 경우의 수인
$3! = 6$이므로 구하는 경우의 수는 $210 - 6 = 204$이다.

다른 풀이

조건 (가)에서 a, 1, b, 3, c, 5, d, 7, e와 같은 배열에서
a, b, c, d, e의 5개의 자리에서 중복을 허락하여 3개를
선택하면 짝수가 들어갈 자리가 결정된다.
이 중 짝수가 적혀 있는 카드를 나열하는 경우의 수를
고려하면 $_5H_3 \times 3! = {}_7C_3 \times 3! = 210$이다.
이 중 조건 (나)의 여사건은 이웃한 두 카드에 적힌 숫자의
곱이 모두 짝수인 경우이므로
홀, 짝, 홀, 짝, 홀, 짝, 홀
의 순서로 카드가 나열되는 경우이고 이 경우의 수는
짝수가 적힌 3장의 카드를 나열하는 경우의 수인
$3! = 6$이므로 구하는 경우의 수는 $210 - 6 = 204$이다.

028 정답 57

빨간색 공을 a, 파란색 공을 b, 노란색 공을 c라 하자.

(i) 빨간색 공과 빨간색 공 사이에 노란색 공 1개가 있는
경우
(a, c, a)를 한 묶음으로 생각하면
(a, c, a), b, b, b, c를 일렬로 나열하는 경우의 수는
$\dfrac{5!}{3!} = 20$

(ii) 빨간색 공과 빨간색 공 사이에 파란색 공 2개, 노란색
공 1개가 있는 경우
b, b, c를 일렬로 나열하는 경우의 수는 $\dfrac{3!}{2!} = 3$이고,
(a, b, b, c, a), b, c를 일렬로 나열하는 경우의 수는
$3! = 6$
이므로 경우의 수는 $3 \times 6 = 18$

(iii) 빨간색 공과 빨간색 공 사이에 파란색 공 1개, 노란색
공 2개가 있는 경우
b, c, c를 일렬로 나열하는 경우의 수는 $\dfrac{3!}{2!} = 3$이고,
(a, b, c, c, a), b, b를 일렬로 나열하는 경우의 수는
$\dfrac{3!}{2!} = 3$
이므로 경우의 수는 $3 \times 3 = 9$

(iv) 빨간색 공과 빨간색 공 사이에 파란색 공 3개, 노란색
공 2개가 있는 경우
b, b, b, c, c를 일렬로 나열하는 경우의 수는
$\dfrac{5!}{3!2!} = 10$

(i)~(iv)에 의하여 구하는 경우의 수는
$20 + 18 + 9 + 10 = 57$

2일차

본문 p.20~30

| SPEED CHECK |

029 ③	**030** ⑤	**031** 220	**032** ⑤
033 269	**034** 45	**035** 504	**036** 110
037 21	**038** 144	**039** 43	**040** ①
041 ①	**042** 4	**043** 406	**044** 78
045 286	**046** ②	**047** ⑤	**048** ③
049 ①	**050** 112		

029 ┤ 정답 ③

2, 3, 5, 7은 모두 소수이므로 중복을 허락하여 4개를
택한 후 곱하여 만든 정수는 모두 서로 다른 수이다.
따라서 구하는 경우의 수는
서로 다른 4개에서 중복을 허락하여 4개를 택하는
중복조합의 수와 같다.

$\therefore \, {}_4H_4 = {}_7C_4 = {}_7C_3 = 35$

030 ┤ 정답 ⑤

공역의 원소 1, 2, 3에서 중복을 허락하여 8개를 뽑되 각
원소를 적어도 한 개씩 포함하는 경우의 수와 같다.
1, 2, 3을 미리 한 개씩 뽑아 놓고
나머지 정의역의 원소 5개에 대응될 치역의 원소를 공역
안에서 중복을 허락하여 5개 선택하면 ${}_3H_5$이고,
크지 않은 수부터 차례로 $f(1), f(2), \cdots, f(8)$에
대응시켜야 하므로
정의역과 치역이 짝짓기 되는 경우의 수는 1이다.
따라서 구하는 함수의 개수는
${}_3H_5 = {}_7C_5 = {}_7C_2 = 21$

031 ┤ 정답 220

4명 중에서 연필을 한 자루도 받지 못하는 학생을
선택하는 경우의 수가 ${}_4C_1 = 4$이고,
이때 나머지 3명은 적어도 하나의 연필을 받게 되므로
이 3명의 학생이 받는 연필의 수를 각각 a, b, c라 할 때,
$a+b+c=12$를 만족시키는 자연수 a, b, c의 모든
순서쌍 (a, b, c)의 개수는 ${}_3H_9 = {}_{11}C_9 = {}_{11}C_2 = 55$
그러므로 구하는 경우의 수는
$4 \times 55 = 220$

032 ┤ 정답 ⑤

(i) 빨간 펜을 1개, 2개, 3개 담을 바구니를 정하는
경우의 수는 $3! = 6$
(ii) 검은 펜 5개를 3개의 바구니에 담는 경우의 수는
$a+b+c=5$를 만족시키는 음이 아닌 정수 a, b, c의
모든 순서쌍 (a, b, c)의 개수와 같다.
$\Rightarrow {}_3H_5 = {}_7C_5 = {}_7C_2 = 21$
(i), (ii)에 의하여 구하는 경우의 수는 $6 \times 21 = 126$

033 ┤ 정답 269

상황 (가)는 서로 다른 종류의 연필이므로 중복순열이다.
A가 연필을 받지 못하는 경우 ${}_2\Pi_6 = 2^6 = 64$,
A가 연필을 한 자루 받는 경우 $6 \times {}_2\Pi_5 = 6 \times 2^5 = 192$
$\therefore \, a = 64 + 192 = 256$
상황 (나)는 같은 종류의 연필이므로 중복조합이다.
A가 연필을 받지 못하는 경우 ${}_2H_6 = {}_7C_6 = {}_7C_1 = 7$,
A가 연필을 한 자루 받는 경우 ${}_2H_5 = {}_6C_5 = {}_6C_1 = 6$
$\therefore \, b = 7 + 6 = 13$
$\therefore \, a + b = 256 + 13 = 269$

034 ┤ 정답 45

x, y, z는 모두 자연수 중에서 짝수이므로
$x = 2x' + 2, y = 2y' + 2, z = 2z' + 2$
(단, x', y', z'는 음이 아닌 정수)라 하면
$x + y + z = 22$에서
$2x' + 2 + 2y' + 2 + 2z' + 2 = 22$,
즉 $x' + y' + z' = 8$이므로
구하는 모든 순서쌍 (x, y, z)의 개수는
${}_3H_8 = {}_{10}C_8 = {}_{10}C_2 = 45$

035 ┤ 정답 504

조건 (가)에서 a, b, c, d 중 홀수인 것 2개를 고르는
방법의 수는 ${}_4C_2 = 6$이다.
이때 홀수 2개를 $2x+1, 2y+1$이라 하고
짝수 2개를 $2z+2, 2u+2$라 하면
홀수 2개와 짝수 2개의 합이 18이 되는 경우의 수는
$x + y + z + u = 6$을 만족시키는 음이 아닌 정수
x, y, z, u의 순서쌍 (x, y, z, u)의 개수와 같다.
$\Rightarrow {}_4H_6 = {}_9C_6 = 84$(가지)
따라서 구하는 경우의 수는 $6 \times 84 = 504$이다.

036 ┤ 정답 110

$a+b+c$가 홀수이므로 a, b, c 모두 홀수이거나 하나만
홀수이다.
(i) a, b, c 모두 홀수인 경우
10 이하의 홀수 5개 중에서 중복을 허락하여
3개를 뽑는 경우의 수와 같으므로
${}_5H_3 = {}_7C_3 = 35$이다.
(ii) a, b, c 중 하나만 홀수인 경우
10 이하의 짝수 5개 중에서 중복을 허락하여

2개를 뽑고, 10 이하의 홀수 5개 중에서 1개를 뽑는 경우의 수와 같으므로

$_5H_2 \times _5C_1 = _6C_2 \times _5C_1 = 15 \times 5 = 75$이다.

(i), (ii)에서 구하는 경우의 수는 $35 + 75 = 110$이다.

037 정답 21

$x = 2x' + 1$, $y = 2y' + 1$, $z = 2z' + 1$이라 하면 방정식 $x + y + z = 13$을 만족시키는 양의 정수 중 홀수인 x, y, z의 모든 순서쌍 (x, y, z)의 개수는 방정식 $x' + y' + z' = 5$를 만족시키는 음이 아닌 정수 x', y', z'의 모든 순서쌍 (x', y', z')의 개수와 같다.

$\therefore _3H_5 = _7C_2 = 21$

038 정답 144

조건 (가)에서

$a = 2^{p_1} \times 5^{q_1}$, $b = 2^{p_2} \times 5^{q_2}$, $c = 2^{p_3} \times 5^{q_3}$,

$d = 2^{p_4} \times 5^{q_4}$ ......㉠

(단, p_i, q_i $(i = 1, 2, 3, 4)$는 음이 아닌 정수이고,

$p_1 + p_2 + p_3 + p_4 = 1$, $q_1 + q_2 + q_3 + q_4 = 5$)

로 놓을 수 있다.

$p_1 + p_2 + p_3 + p_4 = 1$을 만족시키는 순서쌍 (p_1, p_2, p_3, p_4)의 개수는

$_4H_1 = 4$

$q_1 + q_2 + q_3 + q_4 = 5$를 만족시키는 순서쌍 (q_1, q_2, q_3, q_4)의 개수는

$_4H_5 = _{4+5-1}C_5 = _8C_3 = 56$

따라서 ㉠을 만족시키는 순서쌍 (a, b, c, d)의 개수는

$4 \times 56 = 224$

한편, $abcd = 2 \times 5^5$이고 a, b가 서로소가 아니려면

$q_1 + q_2 + q_3 + q_4 = 5$에서

$q_1 \geq 1$, $q_2 \geq 1$

이어야 하므로

$q_1 = s + 1$, $q_2 = t + 1$ (s, t는 음이 아닌 정수)라 하면

$s + t + q_3 + q_4 = 3$

따라서 순서쌍 (s, t, q_3, q_4)의 개수는

$_4H_3 = _{4+3-1}C_3 = _6C_3 = 20$

이므로 a, b가 서로소가 아니고 $abcd = 2 \times 5^5$인 순서쌍 (a, b, c, d)의 개수는

$4 \times 20 = 80$

따라서 구하는 순서쌍 (a, b, c, d)의 개수는

$224 - 80 = 144$

다른 풀이

조건 (가)에서

$a = 2^{p_1} \times 5^{q_1}$, $b = 2^{p_2} \times 5^{q_2}$, $c = 2^{p_3} \times 5^{q_3}$,

$d = 2^{p_4} \times 5^{q_4}$

(단, p_i, q_i $(i = 1, 2, 3, 4)$는 음이 아닌 정수이고,

$p_1 + p_2 + p_3 + p_4 = 1$, $q_1 + q_2 + q_3 + q_4 = 5$)

로 놓을 수 있다.

$p_1 + p_2 + p_3 + p_4 = 1$을 만족시키는 순서쌍 (p_1, p_2, p_3, p_4)의 개수는

$_4H_1 = 4$

조건 (나)에서 두 수 a, b가 서로소이므로 a, b 모두 5를 인수로 갖지 않거나 a, b 둘 중 하나만 5를 인수로 갖는다.

(i) $q_1 = 0$인 경우

$q_2 + q_3 + q_4 = 5$이므로 이를 만족시키는 순서쌍 (q_1, q_2, q_3, q_4)의 개수는

$_3H_5 = _7C_5 = _7C_2 = \dfrac{7 \times 6}{2 \times 1} = 21$

(ii) $q_2 = 0$인 경우

$q_1 + q_3 + q_4 = 5$이므로 이를 만족시키는 순서쌍 (q_1, q_2, q_3, q_4)의 개수는

$_3H_5 = _7C_5 = _7C_2 = \dfrac{7 \times 6}{2 \times 1} = 21$

(iii) $q_1 = q_2 = 0$인 경우

$q_3 + q_4 = 5$이므로 이를 만족시키는 순서쌍 (q_1, q_2, q_3, q_4)의 개수는

$_2H_5 = _6C_5 = _6C_1 = 6$

(i)~(iii)에서 a 또는 b가 5를 인수로 갖지 않는 경우는

$21 + 21 - 6 = 36$

따라서 구하는 순서쌍 (a, b, c, d)의 개수는

$4 \times 36 = 144$

039 정답 43

(i) $w = 0$인 경우

$x + y + z = 8$, $z \geq 2$이므로

$z' = z - 2$ (단, z'은 음이 아닌 정수)라 하면

$x + y + z' = 6$을 만족시키는 순서쌍 (x, y, z')의 개수는

$_3H_6 = _8C_6 = 28$

(ii) $w = 1$인 경우

$x + y + z = 6$, $z \geq 2$이므로

$z' = z - 2$ (단, z'은 음이 아닌 정수)라 하면

$x + y + z' = 4$를 만족시키는 순서쌍 (x, y, z')의 개수는

$_3H_4 = _6C_4 = 15$

따라서 구하는 경우의 수는
$28+15=43$

| 040 | 정답 ①

집합 $X=\{1, 2, 4, 8\}$에 대하여 조건 (가)에서
$a<b\,(a\in X,\ b\in X)$이면 $\dfrac{f(a)}{a}>\dfrac{f(b)}{b}$이므로
$f(1)>\dfrac{f(2)}{2}>\dfrac{f(4)}{4}>\dfrac{f(8)}{8}$이어야 한다.
이때 $\{f(1), f(2), f(4), f(8)\}\subset X$이므로
$f(1)\geq f(2)\geq f(4)\geq f(8)$이어야 한다.
즉, 조건 (가)를 만족시키는 함수 $f:X\to X$의 개수는
$_4H_4=35$이고 이 중 조건 (나)를 만족시키지 않는 것은
$f(1)=f(2)=f(4)=f(8)$로 4개가 있다.
따라서 구하는 함수 f의 개수는 $35-4=31$이다.

| 041 | 정답 ①

방정식 $x+y+z+3(u+v+w)=6$을 만족시키는 음이
아닌 정수 x, y, z, u, v, w의 순서쌍
(x, y, z, u, v, w)의 개수는
(i) $x+y+z=6$, $u+v+w=0$인 경우
$\quad _3H_6\times_3H_0=_8C_6\times_2C_0=28\times1=28$
(ii) $x+y+z=3$, $u+v+w=1$인 경우
$\quad _3H_3\times_3H_1=_5C_3\times_3C_1=10\times3=30$
(iii) $x+y+z=0$, $u+v+w=2$인 경우
$\quad _3H_0\times_3H_2=_2C_0\times_4C_2=1\times6=6$
따라서 구하는 음이 아닌 정수 x, y, z, u, v, w의 모든
순서쌍 (x, y, z, u, v, w)의 개수는
$28+30+6=64$

| 042 | 정답 4

조건 (가)에 의하여
$a_1, a_2, a_3, \cdots, a_n$ 중에서
홀수는 $n-2$개, 짝수는 2개이다. ……㉠
조건 (나)에 의하여
$\log_{12}(a_1\times a_2\times a_3\times\cdots\times a_n)=\log_{12}12^2$이므로
$a_1\times a_2\times\cdots\times a_n=(2^2\times3)^2$이다.
이때 $a_k=2^{\alpha_k}\times3^{\beta_k}$이라 하면 (단, k는 $1\leq k\leq n$인
자연수이고 α_k, β_k는 음이 아닌 정수)
$\displaystyle\sum_{k=1}^{n}\alpha_k=4$이고 ……㉡

$\displaystyle\sum_{k=1}^{n}\beta_k=2$이어야 한다. ……㉢
(i) 순서쌍 $(\alpha_1, \alpha_2, \alpha_3, \cdots, \alpha_n)$의 개수
㉠을 만족시키려면
$\alpha_1, \alpha_2, \alpha_3, \cdots, \alpha_n$ 중 $n-2$개는 0이어야 하므로
0이 아닌 2개를 선택하는 경우의 수는
$_nC_2=\dfrac{n(n-1)}{2}$이다.
이때 선택된 2개를 α_i, $\alpha_j\,(i<j)$라 할 때 ㉡을
만족시키려면
가능한 순서쌍 (α_i, α_j)는 $(1, 3)$, $(2, 2)$, $(3, 1)$이다.
따라서 구하는 개수는 $\dfrac{3n(n-1)}{2}$이다.
(ii) 순서쌍 $(\beta_1, \beta_2, \beta_3, \cdots, \beta_n)$의 개수
㉢을 만족시키는 순서쌍의 개수는
$_nH_2=_{n+1}C_2=\dfrac{n(n+1)}{2}$이다.
(i), (ii)에 의하여 조건을 만족시키는 자연수
$a_1, a_2, a_3, \cdots, a_n$의 모든 순서쌍 $(a_1, a_2, a_3, \cdots, a_n)$의
개수는
$\dfrac{3n(n-1)}{2}\times\dfrac{n(n+1)}{2}=180$,
$n^2(n-1)(n+1)=240$,
$n^4-n^2-240=0$,
$(n^2+15)(n^2-16)=0$
$\therefore\ n=4$

| 043 | 정답 406

전체 경우의 수는
$_5H_{13-5}=_{5+8-1}C_8=_{12}C_4=\dfrac{12\times11\times10\times9}{4\times3\times2\times1}=495$
한편 선생님이 받은 마스크의 장수를 a,
여학생 2명이 받은 마스크의 장수를 각각 b, c,
남학생 2명이 받은 마스크의 장수를 각각 d, e라 하자.
(단, a, b, c, d, e는 자연수)
조건 (가), (나)를 만족시키는 경우의 수는
$b+c\geq3$이고 $d+e\geq3$이어야 하므로
$495-(b+c=2$ 또는 $d+e=2$인 경우의 수)이다.
$b+c=2$이고 $a+d+e=11$인 순서쌍 (a, b, c, d, e)의
개수와
$d+e=2$이고 $a+b+c=11$인 순서쌍 (a, b, c, d, e)의
개수는
$1\times_3H_{11-3}=_{10}C_8=_{10}C_2=\dfrac{10\times9}{2\times1}=45$로 같다.
이때 $a=9$, $b=c=d=e=1$인 경우가 중복되어
세어졌으므로
구하는 경우의 수는 $495-(45+45-1)=406$이다.

044　정답 78

조건 (가)에서 정수 x, y, z는 각각 $x \geq -1$, $y \geq 1$,
$z \leq 1$이므로 $x+1=X$, $y-1=Y$, $1-z=Z$라 하면
$X \geq 0$, $Y \geq 0$, $Z \geq 0$이고
$x+y-z = (X-1)+(Y+1)-(1-Z)$
$\qquad = X+Y+Z-1$이다.
조건 (나)에서 $X+Y+Z-1=10$이므로
구하는 답은 $X+Y+Z=11$을 만족시키는 음이 아닌 정수
X, Y, Z의 모든 순서쌍 (X, Y, Z)의 개수인 $_3H_{11}$과 같다.

$\therefore _3H_{11} = {}_{13}C_{11} = {}_{13}C_2 = \dfrac{13 \times 12}{2 \times 1} = 78$

045　정답 286

조건 (가)에 의하여 $d=a+b+c+d'$이다.
　　　　　　　　　　　(단, d'는 음이 아닌 정수)
이를 조건 (나)에 대입하면
$2(a+b+c)+d' = 20$이므로
이를 만족시키는 순서쌍 $(a+b+c, d')$은
$(0, 20)$, $(1, 18)$, $(2, 16)$, $\cdots$, $(10, 0)$이다.
이때 0 이상 10 이하의 정수 n에 대하여
$a+b+c=n$을 만족시키는 순서쌍 (a, b, c)의 개수는
$_3H_n$이다.
따라서 조건을 모두 만족시키는 모든 순서쌍
(a, b, c, d)의 개수는

$\displaystyle\sum_{n=0}^{10} {}_3H_n = \sum_{n=0}^{10} {}_{n+2}C_2 = {}_{13}C_3 = \dfrac{13 \times 12 \times 11}{3 \times 2 \times 1} = 286$

다른 풀이

조건 (나)에서 $d = 20 - (a+b+c)$이므로
이를 조건 (가)에 대입하면
$a+b+c \leq 20 - (a+b+c)$, 즉 $a+b+c \leq 10$이다.
$a+b+c \leq 10$를 만족시키는 음이 아닌 정수
a, b, c의 순서쌍 (a, b, c)의 개수는
$a+b+c+e=10$을 만족시키는 음이 아닌 정수
a, b, c, e의 순서쌍 (a, b, c, e)의 개수와 같다.
따라서 구하는 순서쌍의 개수는

$_4H_{10} = {}_{13}C_{10} = {}_{13}C_3 = \dfrac{13 \times 12 \times 11}{3 \times 2 \times 1} = 286$

참고

파스칼의 삼각형을 이용하면
모든 자연수 p, q에 대하여 다음이 성립함을 이끌어
낼 수 있다.
$_pC_p + {}_{p+1}C_p + {}_{p+2}C_p + \cdots + {}_{p+q}C_p = {}_{p+q+1}C_{p+1}$

046　정답 ②

$(1+x)^4$의 전개식의 일반항은 $_4C_a x^a$
$\left(1-\dfrac{1}{x^2}\right)^3$의 전개식의 일반항은 $_3C_b(-x^{-2})^b$이므로
$(1+x)^4\left(1-\dfrac{1}{x^2}\right)^3$의 전개식의 일반항은
$_4C_a x^a \times {}_3C_b(-x^{-2})^b = {}_4C_a \times {}_3C_b \times (-1)^b \times x^{a-2b}$
$a-2b=1$ ($0 \leq a \leq 4$인 정수, $0 \leq b \leq 3$인 정수)을
만족시키는 a, b의 모든 순서쌍 (a, b)는 $(1, 0)$, $(3, 1)$
따라서 구하는 x의 계수는
$_4C_1 \times {}_3C_0 \times (-1)^0 + {}_4C_3 \times {}_3C_1 \times (-1)^1 = 4-12 = -8$

047　정답 ⑤

$\left(x-\dfrac{1}{x^2}\right)^5 = \displaystyle\sum_{r=0}^{5} {}_5C_r x^{5-r}\left(-\dfrac{1}{x^2}\right)^r$
$\qquad\qquad\qquad = \displaystyle\sum_{r=0}^{5} {}_5C_r (-1)^r x^{5-3r}$
이므로
$x^n\left(x-\dfrac{1}{x^2}\right)^5 = \displaystyle\sum_{r=0}^{5} {}_5C_r (-1)^r x^{5-3r+n}$이다.
이때 상수항은 $5-3r+n=0$ (단, $r=0, 1, 2, 3, 4, 5$)일
때이므로 가능한 순서쌍 (r, n)은
$(2, 1)$, $(3, 4)$, $(4, 7)$, $(5, 10)$이다.
상수항이 음수이려면 r가 홀수이어야 하므로
구하는 자연수 n의 값의 합은 $4+10=14$

048　정답 ③

$\left(x-\dfrac{1}{x}\right)^{10}\left(x+\dfrac{1}{x}\right)^{10} = \left\{\left(x-\dfrac{1}{x}\right)\left(x+\dfrac{1}{x}\right)\right\}^{10}$
$\qquad\qquad\qquad\qquad\qquad = \left(x^2-\dfrac{1}{x^2}\right)^{10}$
에서 $\left(x^2-\dfrac{1}{x^2}\right)^{10}$의 전개식의 일반항은
$_{10}C_r (x^2)^{10-r}\left(-\dfrac{1}{x^2}\right)^r = {}_{10}C_r \times (-1)^r \times x^{20-4r}$이다.
이때, x^8항은 $20-4r=8$에서 $r=3$일 때이다.
따라서 $\left(x-\dfrac{1}{x}\right)^{10}\left(x+\dfrac{1}{x}\right)^{10}$의 전개식에서 x^8의 계수는
$_{10}C_3 \times (-1)^3 = -\dfrac{10 \times 9 \times 8}{3 \times 2 \times 1} = -120$이다.

049 | 정답 ①

$\left(x+\dfrac{a}{x}\right)^7$의 전개식의 일반항은

$_7\mathrm{C}_r x^r \left(\dfrac{a}{x}\right)^{7-r} = {}_7\mathrm{C}_r a^{7-r} x^{2r-7}$

따라서 $\dfrac{1}{x}$의 계수는 $2r-7=-1$, 즉 $r=3$일 때

$_7\mathrm{C}_3 \times a^4 = 35a^4$이고,

x^5의 계수는 $2r-7=5$, 즉 $r=6$일 때

$_7\mathrm{C}_6 \times a = 7a$이다.

$35a^4 = 5 \times 7a$이므로 $a^3 = 1$

$\therefore \ a = 1$

050 | 정답 112

$1-x=t$라 하면 $x=1-t$에서 $1+x=2-t$이다.

$(2-t)^8 = a_0 + a_1 t + a_2 t^2 + \cdots + a_8 t^8$

한편, $(2-t)^8 = \displaystyle\sum_{r=0}^{8} \left\{ {}_8\mathrm{C}_r \times 2^{8-r} \times (-t)^r \right\}$이므로

$r=6$일 때 t^6의 계수는

$a_6 = {}_8\mathrm{C}_6 \times 2^2 \times (-1)^6 = \dfrac{8 \times 7}{2 \times 1} \times 4 = 112$

II

확률

| SPEED CHECK |

051 ⑤	**052** ③	**053** 11	**054** 6
055 41	**056** ⑤	**057** 23	**058** ①
059 ③	**060** ①	**061** 4	**062** ③
063 ②	**064** 11	**065** ②	**066** 9
067 34	**068** 30	**069** 40	**070** ④
071 48	**072** 40	**073** ⑤	**074** ③
075 48	**076** 150	**077** 22	

| 051 | 정답 ⑤

흰 공 n개, 검은 공 $10-n$개 총 10개의 공이 담겨 있는 주머니에서 2개의 공을 뽑는 경우의 수는 $_{10}C_2$

이때 2개 모두 흰 공을 뽑는 경우의 수는 $_nC_2$

따라서 뽑힌 공이 모두 흰 공일 확률은

$$\frac{_nC_2}{_{10}C_2}=\frac{n(n-1)}{10\times9}=\frac{7}{15}$$ 이므로

$n(n-1)=7\times6$에서 $n=7$이다.

| 052 | 정답 ③

1부터 30까지의 자연수 중에서
짝수는 15개,
5의 배수는 6개,
짝수이면서 5의 배수는 3개이므로
뽑힌 카드에 적힌 숫자가 짝수인 사건을 A,
뽑힌 카드에 적힌 숫자가 5의 배수인 사건을 B라 하면

$$P(A)=\frac{15}{30}=\frac{1}{2},\ P(B)=\frac{6}{30}=\frac{1}{5},$$

$$P(A\cap B)=\frac{3}{30}=\frac{1}{10}$$ 이다.

$$\therefore\ P(A\cup B)=P(A)+P(B)-P(A\cap B)$$
$$=\frac{1}{2}+\frac{1}{5}-\frac{1}{10}=\frac{3}{5}$$

| 053 | 정답 11

갑과 을이 가진 두 장의 카드에 적힌 수의 합이 같은 경우를 표로 나타내면 다음과 같다.

갑 을	1+2 =3	1+3 =4	1+4 =5	2+3 =5	2+4 =6	3+4 =7
1+2=3	○					
1+3=4		○				
1+4=5			○	○		
2+3=5			○	○		
2+4=6					○	
3+4=7						○

따라서 구하는 확률은 $\dfrac{8}{36}=\dfrac{2}{9}$이다.

$p=9,\ q=2$

$\therefore\ p+q=9+2=11$

다른 풀이

갑과 을이 각각 4장의 카드 중 2장의 카드를 꺼내는 전체 경우의 수는 $_4C_2\times{}_4C_2=36$

(i) 갑이 가진 카드에 적힌 숫자가 을이 가진 카드에 적힌 숫자와 같은 경우

$_4C_2\times1=6$

(ii) 갑이 가진 카드에 적힌 숫자가 을이 가진 카드에 적힌 숫자와 다른 경우

갑이 1, 4를 꺼내고 을이 2, 3을 꺼내거나 갑이 2, 3을 꺼내고 을이 1, 4를 꺼내는 것이 가능하므로

$_2C_2\times{}_2C_2+{}_2C_2\times{}_2C_2=2$

따라서 구하는 확률은 $\dfrac{8}{36}=\dfrac{2}{9}$이다.

$\therefore\ p+q=9+2=11$

| 054 | 정답 6

남자회원의 수를 x라 하면,
여자회원의 수는 $10-x$이다.
남자회원 중 2명을 뽑는 경우의 수는 $_xC_2$,
여자회원 중 2명을 뽑는 경우의 수는 $_{10-x}C_2$이므로
임의로 2명을 뽑을 때
2명 모두 남자회원이거나 모두 여자회원일

확률은 $\dfrac{_xC_2+{}_{10-x}C_2}{_{10}C_2}=\dfrac{7}{15}$

$\dfrac{\dfrac{x(x-1)}{2\times1}+\dfrac{(10-x)(9-x)}{2\times1}}{\dfrac{10\times9}{2\times1}}=\dfrac{7}{15}$

$2x^2-20x+48=0$

$x^2-10x+24=0$

$(x-4)(x-6)=0$

$\Rightarrow x=4$ 또는 $x=6$

그런데 남자회원의 수가 여자회원의 수보다 많으므로 구하는 남자회원의 수는 6이다.

다른 풀이

뽑힌 2명 모두 남자회원이거나
뽑힌 2명 모두 여자회원일 확률이 $\dfrac{7}{15}$이므로
뽑힌 2명이 남자회원 1명, 여자회원 1명일 확률은
$\dfrac{8}{15}$이다.
남자회원의 수를 x라 하면

$\dfrac{_xC_1\times{}_{10-x}C_1}{_{10}C_2}=\dfrac{8}{15}$

$\dfrac{x(10-x)}{5\times9}=\dfrac{8}{15}$

$x^2-10x+24=0$

$(x-4)(x-6)=0$

$\Rightarrow x=4$ 또는 $x=6$

그런데 남자회원의 수가 여자회원의 수보다 많으므로 구하는 남자회원의 수는 6이다.

| 055 | 정답 41

세 주머니에서 공을 하나씩 꺼내는 모든 경우의 수는
$3\times3\times3=27$(가지)이다.
이 중에서 꺼낸 3개의 공에 적힌 숫자가 모두 서로 다른
경우는 다음과 같이 14가지가 있다.

1	2	3
1	2	4
1	2	5

1	3	4		2	3	4
1	3	5		2	3	5

							3	2	4

1	4	3		2	4	3		3	2	5
1	4	5		2	4	5		3	4	5

따라서 구하는 확률은 $\dfrac{14}{27}$이므로

$p+q=27+14=41$

| 056 | 정답 ⑤

두 직선 $ax-by=1$과 $x-2y=4$의 y절편은 각각 $-\dfrac{1}{b}$,
-2이고 b가 자연수이므로 두 직선이 일치할 수 없다.
따라서 두 직선이 평행하지 않으면 두 직선은 한 점에서
만난다. 두 직선 $ax-by=1$과 $x-2y=4$의 기울기는
각각 $\dfrac{a}{b}$, $\dfrac{1}{2}$이므로 $\dfrac{a}{b}\neq\dfrac{1}{2}$, 즉 $b\neq2a$를 만족시키는
경우는 다음 표와 같다.

b\a	1	2	3	4	5	6
1	○	○	○	○	○	○
2		○	○	○	○	○
3	○	○	○	○	○	○
4	○		○	○	○	○
5	○	○	○	○	○	○
6	○	○		○	○	○

$$\therefore \frac{33}{36} = \frac{11}{12}$$

다른 풀이

두 직선 $ax - by = 1$과 $x - 2y = 4$의 기울기는 각각

$\frac{a}{b}$, $\frac{1}{2}$이므로 $\frac{a}{b} \neq \frac{1}{2}$, 즉 $b \neq 2a$이다.

$b = 2a$를 만족시키는 1부터 6까지의 자연수 a, b의

순서쌍 (a, b)는 $(1, 2)$, $(2, 4)$, $(3, 6)$이다.

따라서 직선 $ax - by = 1$이 직선 $x - 2y = 4$와 만날

확률은 여사건의 확률에 의하여

$$1 - \frac{3}{36} = \frac{11}{12}$$

| 057 | 정답 23

$|a - 3| = |b - 3|$인 경우는 다음 표와 같다.

b\a	1	2	3	4	5	6
1	○				○	
2		○		○		
3			○			
4		○		○		
5	○				○	
6						○

따라서 구하는 확률은 $\frac{10}{36} = \frac{5}{18}$이다.

$\therefore p + q = 18 + 5 = 23$

다른 풀이

$|a - 3| = |b - 3|$에서

(ⅰ) $a - 3 = b - 3$인 경우,

　즉 $a = b$인 경우의 수는 6

(ⅱ) $a - 3 \neq b - 3$이고 $a - 3 = -(b - 3)$인 경우,

　즉 $a \neq b$이고 $a + b = 6$인 경우의 수는 4

따라서 구하는 확률은 $\frac{10}{36} = \frac{5}{18}$이다.

$\therefore p + q = 18 + 5 = 23$

| 058 | 정답 ①

10개의 공 중에서 5개를 꺼내는 경우의 수는 $_{10}C_5$이다.

꺼낸 공에 적힌 수의 총합이 400 이상인 경우는 다음 표와

같다.

		100	50	10
(ⅰ)		4개	1개	
(ⅱ)		3개	2개	0개

(ⅰ) 100이 적힌 공 4개, 50 또는 10이 적힌 공 중 1개

　$\Rightarrow {}_4C_4 \times {}_6C_1$

(ⅱ) 100이 적힌 공 3개, 50이 적힌 공 2개

　$\Rightarrow {}_4C_3 \times {}_4C_2$

따라서 공에 적혀 있는 수의 총합이 400 이상일 확률은

$$\frac{{}_4C_4 \times {}_6C_1}{{}_{10}C_5} + \frac{{}_4C_3 \times {}_4C_2}{{}_{10}C_5} = \frac{6}{252} + \frac{24}{252}$$

$$= \frac{1}{42} + \frac{4}{42} = \frac{5}{42}$$

| 059 | 정답 ③

A형일 사건과 Rh$^-$형일 사건이 서로 배반사건이므로

$2x = 0$

이 고등학교의 전체 학생 중 임의로 1명을 선택할 때,

이 학생이 A형인 사건, Rh$^-$형일 사건을 각각 X, Y라

하면

$\mathrm{P}(X \cup Y) = \mathrm{P}(X) + \mathrm{P}(Y)$

$$= \frac{112}{350} + \frac{3y}{350} = \frac{121}{350}$$

에서 $y = 3$

이 고등학교의 전체 학생 중 1명을 선택할 때,

이 학생이 AB형이면서 Rh$^-$형일 확률은

$$\frac{2y}{350} = \frac{6}{350} = \frac{3}{175}$$

| 060 | 정답 ①

주사위 한 개를 세 번 던져서 나오는 눈의 수를 차례로 a,

b, c라 하면

순서쌍 (a, b, c)의 개수는 $6^3 = 216$이다.

$a + b + c = S$에서 $3 \leq S \leq 18$이므로 $\log_2 S$가 홀수인

경우는 $\log_2 S = 3$, 즉 $S = 8$일 때이다.

a, b, c가 6 이하의 자연수이므로

$S = a + b + c = 8$인 순서쌍 (a, b, c)의 개수는

$_3H_{8-3} = {}_3H_5 = {}_7C_2 = 21$이다.

따라서 구하는 확률은

$$\frac{21}{216} = \frac{7}{72}$$

061 　정답 4

주머니 속에는 총 $n+3$개의 구슬이 들어 있으므로 각각의 구슬을 서로 다른 것으로 보면 $n+3$개의 구슬 중 2개를 선택하는 경우의 수는 $_{n+3}C_2$이다.

또한 선택한 2개의 구슬이 흰 구슬 1개와 검은 구슬 1개인 경우의 수는 $_3C_1 \times {}_nC_1$이므로

주머니에서 임의로 꺼낸 2개의 구슬이 흰 구슬 1개와 검은 구슬 1개일 확률은

$$\frac{_3C_1 \times {}_nC_1}{_{n+3}C_2} = \frac{6n}{(n+3)(n+2)}$$이다.

$\dfrac{6n}{(n+3)(n+2)} = \dfrac{4}{7}$에서

$4(n+3)(n+2) = 42n$, $4n^2 + 20n + 24 = 42n$,

$4n^2 - 22n + 24 = 0$, $2n^2 - 11n + 12 = 0$

$(n-4)(2n-3) = 0$

$\therefore n = 4$ ($\because n$은 자연수)

062 　정답 ③

4개의 회사가 3개의 협력사 중 하나를 선택하는 전체 경우의 수는

$_3\Pi_4 = 3^4 = 81$이다.

A 협력사를 선택한 회사가 2개인 경우를 생각하자.

4개의 회사 중 A 협력사를 선택한 2개의 회사를 고르는 방법의 수는 $_4C_2 = 6$

남은 2개의 회사가 A 협력사를 제외한 2개의 협력사를 고르는 방법의 수는 $_2\Pi_2 = 4$

따라서 구하는 확률은 $\dfrac{6 \times 4}{81} = \dfrac{8}{27}$이다.

063 　정답 ②

8명의 학생이 8개의 의자에 앉는 전체 경우의 수는 $8!$이다.

A와 C가 앉을 열을 골라 두 학생을 앉히는 경우의 수는 $_4C_1 \times 2!$

이고, B는 A와 같은 줄의 남은 3자리 중 한 자리에 앉으면 되므로

$_3C_1$

나머지 5명의 학생을 5자리에 앉히는 경우의 수는 $5!$

따라서 구하는 확률은

$$\frac{_4C_1 \times 2! \times {}_3C_1 \times 5!}{8!} = \frac{1}{14}$$

064 　정답 11

모든 함수 $f : X \to X$의 개수는 $_4\Pi_4 = 4^4$이다.

치역의 원소의 개수가 1이면

$f(1) + f(2) + f(3) + f(4)$의 값이 짝수이므로

치역의 원소의 개수는 3이어야 한다.

(i) 치역이 $\{1, 2, 3\}$인 경우

　$f(1) + f(2) + f(3) + f(4)$의 값이 홀수이려면

　$f(1), f(2), f(3), f(4)$가 1, 1, 2, 3 또는

　1, 2, 3, 3에 대응되어야 하므로

　이를 만족시키는 함수의 개수는

　$_4P_2 \times 2 = 12 \times 2 = 24$

(ii) 치역이 $\{1, 3, 4\}$인 경우

　(i)과 마찬가지로 이를 만족시키는 함수의 개수는 24

(iii) 치역이 $\{1, 2, 4\}$인 경우

　$f(1) + f(2) + f(3) + f(4)$의 값이 홀수이려면

　$f(1), f(2), f(3), f(4)$가 1, 2, 2, 4 또는

　1, 2, 4, 4에 대응되어야 하므로

　이를 만족시키는 함수의 개수는

　$_4P_2 \times 2 = 12 \times 2 = 24$

(iv) 치역이 $\{2, 3, 4\}$인 경우

　(iii)과 마찬가지로 이를 만족시키는 함수의 개수는 24

따라서 구하는 확률은 $\dfrac{24 \times 4}{4^4} = \dfrac{6}{4^2} = \dfrac{3}{8}$이다.

$\therefore p + q = 8 + 3 = 11$

065 　정답 ②

A는 1열에, B는 2열에 앉도록 6개의 자리에 6명의 학생이 하나씩 자리를 정하는 전체 경우의 수는

$3 \times 3 \times 4!$이다. 주어진 자리를 위에서부터 1, 2, 3행으로 두고 a행, b열을 (a, b)로 나타내서 조건을 만족시키지 않는 경우를 케이스 분류하여 일일이 세면 다음과 같다.

(i) A $\to (1, 1)$인 경우

　B $\to (1, 2)$일 때 C가 이웃하지 않는 경우의 수는

　$(3, 1)$, $(3, 2)$로 2

　B $\to (2, 2)$일 때 C가 이웃하지 않는 경우의 수는

　$(3, 1)$로 1

　B $\to (3, 2)$일 때 C가 이웃하지 않는 경우는 없다.

(ii) A $\to (2, 1)$인 경우

　B $\to (1, 2)$일 때 C가 이웃하지 않는 경우의 수는

　$(3, 2)$로 1

B → (2, 2)일 때 C가 이웃하지 않는 경우는 없고,
B → (3, 2)일 때 C가 이웃하지 않는 경우의 수는
(1, 2)로 1이다.
(iii) A → (3, 1)의 경우 (i)과 유사한 구조로 동일한
경우의 수가 나온다.
따라서 구하는 확률은
$$1-\frac{(3+2+3)\times 3!}{3\times 3\times 4!}=1-\frac{2}{9}=\frac{7}{9}$$

다른 풀이

A는 1열에, B는 2열에 앉도록 6개의 자리에 6명의
학생이 하나씩 자리를 정하는 전체 경우의 수는
$3\times 3\times 4!$이다. C가 A 또는 B와 이웃하게 앉는 경우의
수를 일일이 세어 주면 다음과 같다.

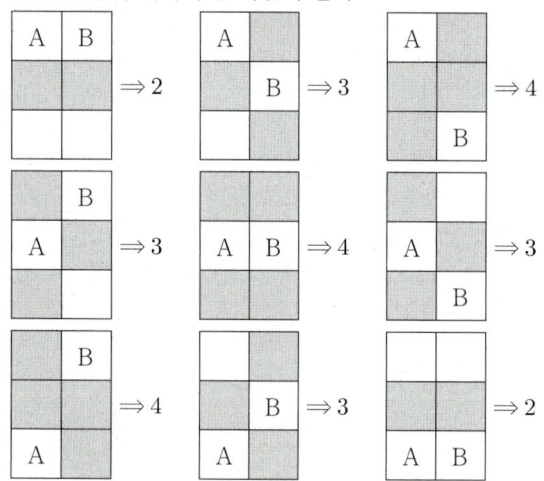

따라서 구하는 확률은
$$\frac{(2\times 2+3\times 4+4\times 3)\times 3!}{3\times 3\times 4!}=\frac{7}{9}$$

066 | 정답 9

1부터 8까지의 자연수 중 3개의 수의 합이 홀수가 되려면
3개의 수가 모두 홀수이거나 3개의 수 중 짝수가 2개,
홀수가 1개이어야 한다.
따라서 임의로 꺼낸 3개의 공에 적힌 수의 합이 홀수가
되는 경우의 수는 $_4C_3+_4C_2\times _4C_1=28$
한편, 임의로 꺼낸 3개의 공에 적힌 수가 모두 홀수이면
가장 큰 수 역시 홀수이다. 따라서 이 경우의 수는
$_4C_3=4$이다.
또한 임의로 꺼낸 3개의 공에 적힌 수 중 2개가 짝수,
1개가 홀수인 경우 가장 큰 수가 홀수인 경우는 홀수가
5인 경우 1가지, 홀수가 7인 경우 $_3C_2=3$가지이다.

따라서 구하는 확률은 $\frac{4+1+3}{28}=\frac{2}{7}$이다.

∴ $p+q=9$

067 | 정답 34

각 사람이 전시회에 가는 요일을 선택하는
전체 경우의 수는 $_5\Pi_3=125$
(i) 학생 A가 학생 B와 같은 날, 학생 C와 다른 날
전시회를 가는 경우
학생 A가 전시회를 갈 요일을 결정하는 경우의 수는
5
학생 B는 학생 A와 같은 날 전시회를 가므로
그 경우의 수는 1
학생 C가 전시회를 갈 요일을 결정하는 경우의 수는
4
따라서 이 경우의 확률은 $\frac{5\times 1\times 4}{125}=\frac{4}{25}$
(ii) 학생 A가 학생 C와 같은 날, 학생 B와 다른 날
전시회를 가는 경우
학생 A가 전시회를 갈 요일을 결정하는 경우의 수는
5
학생 B가 전시회를 갈 요일을 결정하는 경우의 수는
4
학생 C는 학생 A와 같은 날 전시회를 가므로
그 경우의 수는 1
따라서 이 경우의 확률은 $\frac{5\times 4\times 1}{125}=\frac{4}{25}$
(iii) 학생 A가 두 학생 B, C와 같은 날 전시회를 가는
경우
학생 A가 전시회를 갈 요일을 결정하는 경우의 수는
5
두 학생 B, C는 학생 A와 같은 날 전시회를 가므로
그 경우의 수는 1
따라서 이 경우의 확률은 $\frac{5\times 1\times 1}{125}=\frac{1}{25}$
(i), (ii), (iii)에 의하여 구하는 확률은
$$\frac{4}{25}+\frac{4}{25}+\frac{1}{25}=\frac{9}{25}$$
∴ $p+q=25+9=34$

다른 풀이

각 사람이 전시회에 가는 요일을 선택하는 전체 경우의
수는 $_5\Pi_3=125$
이때 학생 A가 전시회에 갈 요일을 정하는 경우의 수가 5,
두 학생 B, C가 학생 A가 가는 날이 아닌 4개의 요일
중에 전시회에 갈 요일을 정하는 경우의 수가
$_4\Pi_2=16$이므로
학생 A가 두 학생 B, C와 다른 날 전시회를 가게 되는
경우의 수는 $5\times 16=80$
따라서 학생 A가 두 학생 B, C와 다른 날 전시회를 갈
확률은 $\frac{80}{125}=\frac{16}{25}$이므로

구하는 확률은 $1-\dfrac{16}{25}=\dfrac{9}{25}$

$\therefore p+q=25+9=34$

| 068 | 정답 30

조사대상 250명 중에서 임의로 선택된 1명의 통학 거리가 1 km 미만일 때, 이 학생이 통학버스를 이용할 확률은

$\dfrac{a}{a+80}=\dfrac{3}{7}$ 이므로 $a=60$ 이다.

또한 주어진 표에서 $a+b=150$ 이므로 $b=90$ 이다.

$\therefore b-a=30$

| 069 | 정답 40

도시 전체 거주자 수를 $30k$ (명)라 하면 흡연자의 수와 폐질환자의 수는 다음과 같다.

(단위: 명)

	폐질환 있음	폐질환 없음	계
흡연자	$3k$	$9k$	$12k$
비흡연자	$2k$	$16k$	$18k$
계	$5k$	$25k$	$30k$

따라서 구하는 확률은 $\dfrac{2k}{5k}=\dfrac{2}{5}$ 이다.

$\therefore 100p=40$

| 070 | 정답 ④

영화 B를 선호하는 여자 회원의 수를 x 라 하면
영화 B를 선호하는 회원 중에서 한 명을 임의로 선택할 때, 이 회원이 여자일 확률은 $\dfrac{x}{25+x}=\dfrac{3}{8}$

$8x=75+3x$

$\therefore x=15$

영화 A를 선호하는 여자 회원의 수를 y 라 하면
여자 회원 중에서 한 명을 임의로 선택할 때, 이 회원이 영화 A를 선호할 확률은 $\dfrac{y}{y+15}=\dfrac{1}{6}$

$6y=y+15$

$\therefore y=3$

따라서 영화 A를 선호하는 회원 중에서 한 명을 임의로 선택할 때, 이 회원이 남자일 확률은 $\dfrac{5}{5+3}=\dfrac{5}{8}$ 이다.

| 071 | 정답 48

이 대회에 참가한 학생 중에서 1학년 학생은
$a+(126-a)=126$(명)이고,
이 대회에 참가한 학생 중에서 찬성을 선택한 학생은
$a+50+(150-a)=200$(명)이므로 대회에 참가한 학생 중에서 반대를 선택한 학생은 300명이다.
한편, 이 대회에 참가한 학생 중에서 임의로 선택한 1명이 반대를 선택한 학생일 때, 이 학생이 2학년 학생일 확률이 $\dfrac{2}{5}$ 이므로

$\dfrac{b}{300}=\dfrac{2}{5}$ 에서 $b=120$ 이다.

따라서 이 대회에 참가한 학생 중 3학년 학생은 모두 204명이고
이 대회에 참가한 학생 중에서 임의로 선택한 1명이 3학년 학생일 때, 이 학생이 찬성을 선택한 학생일 확률이 $\dfrac{1}{2}$ 이므로

$\dfrac{150-a}{204}=\dfrac{1}{2}$ 에서 $a=48$ 이다.

| 072 | 정답 40

한 개의 주사위를 던져서 3의 배수의 눈이 나오는 사건을 X, 뽑은 공에 적힌 숫자가 3의 배수인 사건을 Y 라 하면

$\mathrm{P}(Y)=\dfrac{1}{3}\times\dfrac{1}{3}+\dfrac{2}{3}\times\dfrac{1}{4}=\dfrac{5}{18}$

$\mathrm{P}(X\cap Y)=\dfrac{1}{3}\times\dfrac{1}{3}=\dfrac{1}{9}$

따라서 구하는 확률은

$\mathrm{P}(X|Y)=\dfrac{\mathrm{P}(X\cap Y)}{\mathrm{P}(Y)}=\dfrac{\dfrac{1}{9}}{\dfrac{5}{18}}=\dfrac{2}{5}$ 이다.

$\therefore 100p=40$

| 073 | 정답 ⑤

세 수의 합이 3의 배수인 사건을 A, 세 수가 모두 같은 사건을 B 라 하자.
세 수의 합이 3의 배수이기 위해서는 세 수가 모두 같거나 세 수가 모두 달라야 한다.
(i) 세 수가 모두 같은 경우
　세 수가 모두 1로 같은 경우의 확률은
　$\left(\dfrac{3}{6}\right)^3=\dfrac{1}{8}$,

세 수가 모두 2로 같은 경우의 확률은

$\left(\dfrac{2}{6}\right)^3=\dfrac{1}{27}$,

세 수가 모두 3으로 같은 경우의 확률은

$\left(\dfrac{1}{6}\right)^3=\dfrac{1}{216}$

따라서 이 경우의 확률은

$\dfrac{1}{8}+\dfrac{1}{27}+\dfrac{1}{216}=\dfrac{36}{216}=\dfrac{1}{6}$

(ii) 세 수가 모두 다른 경우

$3!\times\left(\dfrac{3}{6}\right)^1\left(\dfrac{2}{6}\right)^1\left(\dfrac{1}{6}\right)^1=\dfrac{36}{216}=\dfrac{1}{6}$

(i), (ii)에 의하여

$P(A)=\dfrac{1}{6}+\dfrac{1}{6}=\dfrac{1}{3}$

또한 세 수의 합이 3의 배수이고 세 수가 모두 같을

확률은 $P(A\cap B)=\dfrac{1}{6}$이므로 구하는 확률은

$P(B\,|\,A)=\dfrac{P(A\cap B)}{P(A)}=\dfrac{\dfrac{1}{6}}{\dfrac{1}{3}}=\dfrac{1}{2}$

| 074 | 정답 ③

한 개의 주사위를 두 번 던져서 나오는 눈의 수의 곱이 짝수일 사건을 A, 적어도 한 번 8의 약수의 눈이 나올 사건을 B라 하자.

$P(A)=1-$(두 번 홀수의 눈의 수가 나올 확률)

$\qquad=1-\dfrac{3\times3}{6\times6}=\dfrac{27}{36}$

두 수의 곱이 짝수이면서 두 수 모두 8의 약수가 아닌 순서쌍은 $(3,6)$, $(5,6)$, $(6,3)$, $(6,5)$, $(6,6)$으로 5개이므로

$P(A\cap B)=P(A)-\dfrac{5}{6\times6}=\dfrac{27}{36}-\dfrac{5}{36}=\dfrac{22}{36}$

$\therefore\ P(B\,|\,A)=\dfrac{P(A\cap B)}{P(A)}=\dfrac{\dfrac{22}{36}}{\dfrac{27}{36}}=\dfrac{22}{27}$

참고

한 개의 주사위를 두 번 던져서 나오는 눈의 수를 a, b라 할 때 다음 표와 같이 ab가 짝수(표에 ○로 표시)인 순서쌍 (a,b)의 개수는 27이고, 이 중에서 a, b 둘 중에 적어도 하나가 8의 약수(표에 ●로 표시)인 순서쌍 (a,b)의 개수는 22이다.

a \ b	1	2	3	4	5	6
1		●		●		●
2	●	●	●	●	●	●
3		●		●		○
4	●	●	●	●	●	●
5		●		●		○
6	●	●	○	●	○	○

| 075 | 정답 48

주어진 상황을 표로 나타내면 다음과 같다.

	기혼	미혼	합계
여직원	$50\times\dfrac{4}{25}$	$30-50\times\dfrac{4}{25}$	30
남직원	$50\times\left(0.3-\dfrac{4}{25}\right)$ $=50\times0.14$	$20-50\times0.14$	20
합계	50×0.3	50×0.7	50

이 회사의 직원 중 미혼인 직원은 $50\times0.7=35$명이고 그 중에서 남성은 $20-50\times0.14=13$명이므로 구하는

확률은 $\dfrac{13}{35}$이다.

$\therefore\ p+q=35+13=48$

| 076 | 정답 150

한식을 선호하는 학생이 300명이므로

$90+a+b=300$에서

$a=210-b$ $\qquad$ ……㉠

이 학교 학생 중 임의로 선택한 1명이 한식을 선호할 때

이 학생이 2학년일 확률은 $\dfrac{a}{300}$

이 학교 학생 중 임의로 선택한 1명이 3학년일 때 이

학생이 양식을 선호하는 학생일 확률은 $\dfrac{200-b}{200}$

두 확률이 같으므로

$\dfrac{a}{300}=\dfrac{200-b}{200}$에서

$2a=600-3b$

㉠을 대입하면

$420-2b=600-3b$

$b=180$, $a=30$

$\therefore\ b-a=150$

077 | 정답 22

스키를 타본 경험이 있는 학생이 선택될 사건을 A,
스노보드를 타본 경험이 있는 학생이 선택될 사건을 B 라
하면
$P(A)=0.64$, $P(B)=0.48$, $P(A\cap B)=0.16$이므로
$P(A\cap B^C)=0.64-0.16=0.48$
$P(A^C\cap B)=0.48-0.16=0.32$

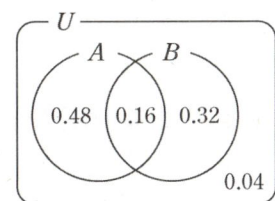

이때 스키를 타본 경험이 없거나 스노보드를 타본 경험이
없는 학생이 선택될 사건을 C라 하면
$C=A^C\cup B^C=(A\cap B)^C$
이고 스키와 스노보드를 타본 경험이 없는 학생이 선택될
사건을 D라 하면
$D=A^C\cap B^C=(A\cup B)^C$이므로 $D\subset C$
$P(C)=P((A\cap B)^C)=1-P(A\cap B)$
$\qquad\quad =1-0.16=0.84$
$P(C\cap D)=P(D)=0.04$
따라서 구하는 확률은
$P(D\,|\,C)=\dfrac{P(C\cap D)}{P(C)}=\dfrac{0.04}{0.84}=\dfrac{1}{21}$
$\therefore\ p+q=21+1=22$

4일차
본문 p.46~57

| SPEED CHECK |

078 ④	**079** ④	**080** 13	**081** ⑤
082 ②	**083** ①	**084** 143	**085** 103
086 ③	**087** ④	**088** ②	**089** 283
090 ③	**091** ①	**092** ④	**093** ②
094 ④	**095** ②	**096** ④	**097** ⑤
098 5	**099** ③	**100** ②	

078 | 정답 ④

두 사건 A, B가 서로 독립이면
두 사건 A, B^C도 서로 독립이므로
$P(A\cap B^C)=P(A)P(B^C)$

따라서
$P(A\cup B^C)=P(A)+P(B^C)-P(A\cap B^C)$
$\qquad\qquad\quad =P(A)+P(B^C)-P(A)P(B^C)$
에서
$\dfrac{1}{2}=\dfrac{1}{3}+P(B^C)-\dfrac{1}{3}P(B^C)$
$\quad =\dfrac{1}{3}+\dfrac{2}{3}P(B^C)$
$\Rightarrow P(B^C)=\dfrac{1}{4}$
$\therefore\ P(B)=1-P(B^C)=1-\dfrac{1}{4}=\dfrac{3}{4}$

079 | 정답 ④

문제에 주어진 표는 다음과 같다.

(단위: 명)

	남	여	합계
요가	a	20	$a+20$
테니스	30	50	80
합계	$a+30$	70	$a+100$

한 명의 사람을 택할 때, 그 사람이 남자인 사건을 A,
요가를 배우고 싶은 사람인 사건을 B라 하면
두 사건 A, B가 서로 독립이므로
$P(A\cap B)=P(A)P(B)$이다.
$\dfrac{a}{100+a}=\dfrac{a+30}{100+a}\times\dfrac{a+20}{100+a}$
$a(100+a)=(a+30)(a+20)$
$50a=600$
$\therefore\ a=12$

080 | 정답 13

	10대	20대	30대	합계
남자	12	a	18	$a+30$
여자	b	40	27	$b+67$
합계	$b+12$	$a+40$	45	150

$\dfrac{a+40}{150}\times\dfrac{a+30}{150}=\dfrac{a}{150}$에서
$a^2+70a+1200=150a$, $a^2-80a+1200=0$이므로
$a=20$ 또는 $a=60$
이때 $a=60$이면 $b<0$이므로 $a=20$이다.
따라서 $b=33$
$\therefore\ b-a=33-20=13$

$P(A) = \dfrac{1}{2}$, $P(B) = \dfrac{1}{3}$이고

두 사건 A, B가 서로 독립이므로

$P(A \cap B) = P(A)P(B) = \dfrac{1}{2} \times \dfrac{1}{3} = \dfrac{1}{6}$

즉, $n(A \cap B) = 1$이어야 하고

$P(B) = \dfrac{1}{3}$에서 $n(B) = 2$이다.

따라서 집합 B는 집합 A의 원소 1, 3, 5 중 한 개와 집합 A^C의 원소 2, 4, 6 중 한 개를 원소로 가지므로

그 개수는 $3 \times 3 = 9$

(ⅰ) 첫 번째 시행에서 꺼낸 세 카드에 적혀 있는 숫자가 모두 다를 확률은

$\dfrac{{}_4C_3 \times 3!}{4 \times 4 \times 4} = \dfrac{3}{8}$

(ⅱ) 두 번째 시행에서 꺼낸 세 카드에 적혀 있는 숫자가 모두 같을 확률은 세 주머니에서 첫 번째 시행에서 꺼낸 세 숫자를 제외한 나머지 하나의 숫자를 공통으로 꺼내야 하므로

$\dfrac{1}{3} \times \dfrac{1}{3} \times \dfrac{1}{3} = \dfrac{1}{27}$

(ⅰ), (ⅱ)에서 구하는 확률은 $\dfrac{3}{8} \times \dfrac{1}{27} = \dfrac{1}{72}$이다.

다른 풀이

첫 번째 시행에서 꺼낸 세 카드에 적혀 있는 숫자가 모두 다를 확률은 주머니 A에서는 4장의 카드 중 아무거나 뽑아도 되므로 $\dfrac{4}{4}$

주머니 B에서는 주머니 A에서 뽑은 카드를 제외하고 뽑아야 하므로 $\dfrac{3}{4}$

주머니 C에서는 주머니 A, B에서 뽑은 카드를 제외하고 뽑아야 하므로 $\dfrac{2}{4}$

두 번째 시행에서 세 주머니에서 꺼낸 세 카드에 적혀 있는 숫자가 모두 같을 경우는 첫 번째 시행에서 꺼낸 세 숫자를 제외한 나머지 하나의 숫자를 공통으로 꺼내야 하므로 각각 $\dfrac{1}{3}$이다.

따라서 구하는 확률은

$\dfrac{4}{4} \times \dfrac{3}{4} \times \dfrac{2}{4} \times \dfrac{1}{3} \times \dfrac{1}{3} \times \dfrac{1}{3} = \dfrac{1}{72}$이다.

주머니에서 임의로 뽑은 4개의 공 중 1의 숫자가 적혀 있는 공이 한 개만 있을 확률은 $\dfrac{{}_2C_1}{{}_5C_4} = \dfrac{2}{5}$

(ⅰ) 임의로 뽑은 4개의 공 중 1의 숫자가 적혀 있는 공이 1개인 경우

1, 2, 3, 4를 임의로 일렬로 나열할 때 나열된 순서대로 공에 적혀 있는 수가 1, 2, 3, 4일 확률은

$\dfrac{1}{4!} = \dfrac{1}{24}$

따라서 주어진 조건을 만족시키는 확률은

$\dfrac{2}{5} \times \dfrac{1}{24} = \dfrac{1}{60}$

(ⅱ) 임의로 뽑은 4개의 공 중 1의 숫자가 적혀있는 공이 2개인 경우

1의 숫자가 적혀 있는 공을 두 개 뽑을 확률은

$1 - \dfrac{2}{5} = \dfrac{3}{5}$

1, 1, c, d $(1 < c < d)$를 임의로 일렬로 나열할 때 나열된 순서대로 공에 적혀 있는 수가 1, 1, c, d일

확률은 $\dfrac{1}{\frac{4!}{2!}} = \dfrac{1}{12}$

따라서 주어진 조건을 만족시키는 확률은

$\dfrac{3}{5} \times \dfrac{1}{12} = \dfrac{1}{20}$

(ⅰ), (ⅱ)에서 구하는 확률은

$\dfrac{1}{60} + \dfrac{1}{20} = \dfrac{1}{15}$

$(a-3)(b-2)(c-1)$의 값이 양수가 되는 경우는 다음 2가지이다.

(ⅰ) $a-3$, $b-2$, $c-1$이 모두 양수인 경우

$4 \le a \le 6$, $3 \le b \le 6$, $2 \le c \le 6$에서

확률은 $\dfrac{3}{6} \times \dfrac{4}{6} \times \dfrac{5}{6} = \dfrac{5}{18}$이다.

(ⅱ) $a-3$, $b-2$가 음수이고, $c-1$이 양수인 경우

$1 \le a \le 2$, $b = 1$, $2 \le c \le 6$에서

확률은 $\dfrac{2}{6} \times \dfrac{1}{6} \times \dfrac{5}{6} = \dfrac{5}{108}$이다.

(ⅰ), (ⅱ)에서 구하는 확률은

$\dfrac{5}{18} + \dfrac{5}{108} = \dfrac{35}{108}$이다.

$\therefore p + q = 143$

085 〔정답 103〕

(i) 갑이 뽑은 카드가 3의 배수가 아닌 홀수이고 을이 뽑은 카드가 3의 배수인 사건을 A라 하면 갑이 1, 5, 7 중에서 하나를 뽑고 을이 3, 6, 9 중에서 하나를 뽑는 확률은

$$P(A) = \frac{3}{10} \times \frac{3}{9} = \frac{9}{90}$$

(ii) 갑이 뽑은 카드가 3의 배수인 홀수이고 을이 뽑은 카드가 3의 배수인 사건을 B라 하면 갑이 3, 9 중에서 하나를 뽑고 을은 3, 6, 9 중에서 갑이 뽑은 수를 제외한 두 숫자 중 하나를 뽑는 확률은

$$P(B) = \frac{2}{10} \times \frac{2}{9} = \frac{4}{90}$$

(i), (ii)에 의하여 구하는 확률은

$$P(A) + P(B) = \frac{13}{90}$$ 이다.

∴ $p + q = 90 + 13 = 103$

086 〔정답 ③〕

4이려면 첫 번째 시행과 두 번째 시행에서 모두 사탕을 먹어야 한다.

(i) 첫 번째 시행에서 딸기 맛 사탕 2개를 뽑고 두 번째 시행에서 포도 맛 사탕 2개를 뽑는 경우

$$\frac{{}_2C_2}{{}_8C_2} \times \frac{{}_6C_2}{{}_6C_2} = \frac{1}{28}$$

(ii) 첫 번째 시행에서 포도 맛 사탕 2개를 뽑고 두 번째 시행에서 딸기 맛 사탕 2개를 뽑는 경우

$$\frac{{}_6C_2}{{}_8C_2} \times \frac{{}_2C_2}{{}_6C_2} = \frac{1}{28}$$

(iii) 첫 번째 시행에서 포도 맛 사탕 2개를 뽑고 두 번째 시행에서 포도 맛 사탕 2개를 뽑는 경우

$$\frac{{}_6C_2}{{}_8C_2} \times \frac{{}_4C_2}{{}_6C_2} = \frac{3}{14}$$

따라서 구하는 확률은 $\frac{1}{28} + \frac{1}{28} + \frac{3}{14} = \frac{2}{7}$ 이다.

087 〔정답 ④〕

첫 번째 시행에서 꺼낸 흰 공의 개수와 두 번째 시행에서 꺼낸 검은 공의 개수가 같은 경우는 다음과 같다.

(i) 첫 번째 시행에서 꺼낸 흰 공과 두 번째 시행에서 꺼낸 검은 공이 1개인 경우

첫 번째 시행에서 흰 공 1개, 검은 공 2개를 꺼내고, 두 번째 시행에서 흰 공 2개, 검은 공 1개를 꺼내야 하므로

$$\frac{{}_2C_1 \times {}_4C_2}{{}_6C_3} \times \frac{{}_2C_2 \times {}_4C_1}{{}_6C_3} = \frac{12}{20} \times \frac{4}{20} = \frac{3}{25}$$

(ii) 첫 번째 시행에서 꺼낸 흰 공과 두 번째 시행에서 꺼낸 검은 공이 2개인 경우

확률은 (i)과 같으므로 $\frac{3}{25}$

(i), (ii)에 의하여 구하는 확률은

$$\frac{3}{25} \times 2 = \frac{6}{25}$$

088 〔정답 ②〕

동전을 3개 던져서 나온 앞면의 개수와 뒷면의 개수의 차가 1인 사건을 A, 동전 3개를 던진 결과에 따라 주사위를 던져서 6의 약수의 눈이 나오는 주사위의 개수가 1인 사건을 B라 하자.

$$P(A) = {}_3C_1 \left(\frac{1}{2}\right)^1 \left(\frac{1}{2}\right)^2 + {}_3C_2 \left(\frac{1}{2}\right)^2 \left(\frac{1}{2}\right)^1 = \frac{3}{4}$$ 이고

$$P(B|A) = {}_3C_1 \left(\frac{4}{6}\right)^1 \left(\frac{2}{6}\right)^2 = \frac{2}{9}$$ 이므로

$$P(A \cap B) = P(A)P(B|A) = \frac{3}{4} \times \frac{2}{9} = \frac{1}{6}$$ 이다.

$$P(A^C) = 1 - P(A) = \frac{1}{4}$$ 이고

$$P(B|A^C) = {}_2C_1 \left(\frac{4}{6}\right)^1 \left(\frac{2}{6}\right)^1 = \frac{4}{9}$$ 이므로

$$P(A^C \cap B) = P(A^C)P(B|A^C) = \frac{1}{4} \times \frac{4}{9} = \frac{1}{9}$$ 이다.

따라서 구하는 확률은

$$P(B) = P(A \cap B) + P(A^C \cap B) = \frac{1}{6} + \frac{1}{9} = \frac{5}{18}$$ 이다.

089 〔정답 283〕

동전은 앞면, 주사위는 6의 약수의 눈이 나오는 사건을 A라 하면

$$P(A) = \frac{1}{2} \times \frac{4}{6} = \frac{1}{3}$$ 이므로

5회의 시행 중 사건 A가 3회 일어날 확률은

$$_5C_3 \left(\frac{1}{3}\right)^3 \left(\frac{2}{3}\right)^2 = \frac{40}{243}$$

∴ $p + q = 243 + 40 = 283$

090 〔정답 ③〕

5장의 카드 중에서 2장의 카드를 동시에 꺼낼 때, 서로

다른 문자가 적힌 카드를 꺼낼 확률은

$\dfrac{{}_2C_1 \times {}_3C_1}{{}_5C_2} = \dfrac{3}{5}$ 이므로

같은 문자가 적힌 카드를 꺼낼 확률은 $\dfrac{2}{5}$ 이다.

따라서 3번의 시행 중에 같은 문자가 적힌 카드가 1번만

나올 확률은 ${}_3C_1\left(\dfrac{2}{5}\right)^1\left(\dfrac{3}{5}\right)^2 = \dfrac{54}{125}$ 이다.

| 091 | 정답 ①

세 수 a, b, 4가 등비수열을 이루려면 $b^2 = 4a$이어야

하므로 (단, $a = 1, 2, 3, 4, 5, 6$이고 $b = 0, 1, 2, 3, 4$)

$a = 1$, $b = 2$일 확률은 $\dfrac{1}{6} \times {}_4C_2\left(\dfrac{1}{2}\right)^2\left(\dfrac{1}{2}\right)^2 = \dfrac{1}{16}$

$a = 4$, $b = 4$일 확률은 $\dfrac{1}{6} \times {}_4C_4\left(\dfrac{1}{2}\right)^4 = \dfrac{1}{96}$

따라서 구하는 확률은 $\dfrac{1}{16} + \dfrac{1}{96} = \dfrac{7}{96}$ 이다.

| 092 | 정답 ④

네 사람이 가진 카드에 적힌 수의 합이 7 이상이 되려면
1이 적힌 카드를 1명, 2가 적힌 카드를 3명이 가지고
있거나, 2가 적힌 카드를 4명 모두 가지고 있어야 한다.
즉, 네 사람이 각각 주사위를 한 번씩 던졌을 때 짝수의
눈이 나온 사람이 1명이고 홀수의 눈이 나온 사람이
3명이거나 모두 홀수의 눈이 나와야 하므로 구하고자
하는 확률은

${}_4C_1\left(\dfrac{1}{2}\right)\left(\dfrac{1}{2}\right)^3 + {}_4C_0\left(\dfrac{1}{2}\right)^4 = \dfrac{5}{16}$ 이다.

| 093 | 정답 ②

동전 4개를 던져서 앞면이 나온 동전의 개수가

$a\,(a = 0, 1, 2, 3, 4)$일 확률은 ${}_4C_a\left(\dfrac{1}{2}\right)^a\left(\dfrac{1}{2}\right)^{4-a}$ 이다.

한 개의 주사위를 3번 던져서 6의 약수의 눈이 나오는

횟수가 $b\,(b = 0, 1, 2, 3)$일 확률은 ${}_3C_b\left(\dfrac{2}{3}\right)^b\left(\dfrac{1}{3}\right)^{3-b}$ 이다.

$a + 2b = 8$이 성립하는 경우는

$a = 4$, $b = 2$와 $a = 2$, $b = 3$으로 2가지이다.

(i) $a = 4$, $b = 2$일 때

$\quad {}_4C_4\left(\dfrac{1}{2}\right)^4 \times {}_3C_2\left(\dfrac{2}{3}\right)^2\left(\dfrac{1}{3}\right) = \dfrac{1}{36}$

(ii) $a = 2$, $b = 3$일 때

$\quad {}_4C_2\left(\dfrac{1}{2}\right)^4 \times {}_3C_3\left(\dfrac{2}{3}\right)^3 = \dfrac{4}{36}$

(i), (ii)에 의하여 구하는 확률은

$\dfrac{1}{36} + \dfrac{4}{36} = \dfrac{5}{36}$ 이다.

| 094 | 정답 ④

주머니에서 임의로 꺼낸 한 개의 공이 흰 공일 확률은

$\dfrac{4}{7}$ 이고,

한 개의 동전을 4번 던져서 앞면이 1번 나올 확률은

${}_4C_1\left(\dfrac{1}{2}\right)^4 = \dfrac{1}{4}$ 이다.

또한 주머니에서 임의로 꺼낸 한 개의 공이 검은 공일

확률은 $\dfrac{3}{7}$ 이고,

한 개의 동전을 3번 던져서 앞면이 1번 나올 확률은

${}_3C_1\left(\dfrac{1}{2}\right)^3 = \dfrac{3}{8}$ 이다.

따라서 구하는 확률은 $\dfrac{4}{7} \times \dfrac{1}{4} + \dfrac{3}{7} \times \dfrac{3}{8} = \dfrac{17}{56}$ 이다.

| 095 | 정답 ②

$1 \le b \le 6$이므로 $a \ge b$이려면 $1 \le a \le 3$이다.

(i) $a = 1$일 때 $a \ge b$일 확률

$\quad b = 1$이어야 하므로

$\quad {}_3C_1\left(\dfrac{1}{2}\right)^1\left(\dfrac{1}{2}\right)^2 \times \dfrac{1}{6} = \dfrac{1}{16}$

(ii) $a = 2$일 때 $a \ge b$일 확률

$\quad 1 \le b \le 2$이어야 하므로

$\quad {}_3C_2\left(\dfrac{1}{2}\right)^2\left(\dfrac{1}{2}\right)^1 \times \dfrac{2}{6} = \dfrac{1}{8}$

(iii) $a = 3$일 때 $a \ge b$일 확률

$\quad 1 \le b \le 3$이어야 하므로

$\quad {}_3C_3\left(\dfrac{1}{2}\right)^3\left(\dfrac{1}{2}\right)^0 \times \dfrac{3}{6} = \dfrac{1}{16}$

(i)~(iii)에서 구하는 확률은

$\dfrac{1}{16} + \dfrac{1}{8} + \dfrac{1}{16} = \dfrac{1}{4}$

| 096 | 정답 ④

(i) A가 던진 동전이 앞면이 나오고, B가 동전 1개를
2번 던져 앞면이 1번 나올 확률은

$$\frac{1}{2} \times {}_2C_1\left(\frac{1}{2}\right)\left(\frac{1}{2}\right) = \frac{1}{4}$$

(ii) A가 던진 동전이 뒷면이 나오고, B가 동전 1개를
3번 던져 앞면이 1번 나올 확률은

$$\frac{1}{2} \times {}_3C_1\left(\frac{1}{2}\right)\left(\frac{1}{2}\right)^2 = \frac{3}{16}$$

따라서 구하는 확률은

$$\frac{(\,\mathrm{i}\,)}{(\,\mathrm{i}\,)+(\mathrm{ii})} = \frac{\dfrac{1}{4}}{\dfrac{1}{4}+\dfrac{3}{16}} = \frac{4}{7}$$

097 정답 ⑤

$0 \le a \le 4$, $0 \le b \le 3$이므로 $a+b=6$인 경우는
$a=3$, $b=3$ 또는 $a=4$, $b=2$
한 개의 주사위를 던져서 3의 배수의 눈이 나올 확률은
$$\frac{2}{6} = \frac{1}{3}$$

(i) $a=3$, $b=3$일 확률은
$${}_4C_3\left(\frac{1}{3}\right)^3\left(\frac{2}{3}\right)^1 \times {}_3C_3\left(\frac{1}{3}\right)^3\left(\frac{2}{3}\right)^0 = \frac{8}{3^4} \times \frac{1}{3^3} = \frac{8}{3^7}$$

(ii) $a=4$, $b=2$일 확률은
$${}_4C_4\left(\frac{1}{3}\right)^4\left(\frac{2}{3}\right)^0 \times {}_3C_2\left(\frac{1}{3}\right)^2\left(\frac{2}{3}\right)^1 = \frac{1}{3^4} \times \frac{6}{3^3} = \frac{6}{3^7}$$

(i), (ii)에서 구하는 확률은
$$\frac{8}{3^7} + \frac{6}{3^7} = \frac{14}{3^7}$$

098 정답 5

(i) 홀수의 눈이 4번 나오는 경우
주사위를 한 번 던져서 홀수의 눈이 나올 확률은
$\dfrac{1}{2}$이고,
홀수의 눈이 4번 나오면 4가 연속해서 나오는 경우는
존재하지 않으므로
이 경우의 확률은 $\left(\dfrac{1}{2}\right)^4 = \dfrac{1}{16}$이다.

(ii) 홀수의 눈이 3번 나오는 경우
주사위를 한 번 던져서 홀수의 눈과 짝수의 눈이 나올
확률은 모두 $\dfrac{1}{2}$이고,
홀수의 눈이 3번 나오면 4가 연속해서 나오는 경우는
존재하지 않으므로
이 경우의 확률은 ${}_4C_1 \times \left(\dfrac{1}{2}\right)^4 = \dfrac{1}{4}$이다.

(iii) 홀수의 눈이 2번 나오는 경우
(ii)와 마찬가지로 생각하면 홀수의 눈이 2번 나올
확률은 ${}_4C_2 \times \left(\dfrac{1}{2}\right)^4 = \dfrac{3}{8}$이다.
이때 4가 연속해서 나오는 경우는 존재하지 않아야
하므로
(4, 4, 홀수, 홀수), (홀수, 4, 4, 홀수), (홀수, 홀수,
4, 4)와 같이 주사위의 눈이 나오는 확률을 계산하면
$$3 \times \left(\frac{1}{6}\right)^2 \times \left(\frac{1}{2}\right)^2 = \frac{1}{48}$$
따라서 이 경우의 확률은 $\dfrac{3}{8} - \dfrac{1}{48} = \dfrac{17}{48}$이다.

(i)~(iii)에서 구하는 확률은
$$\frac{1}{16} + \frac{1}{4} + \frac{17}{48} = \frac{32}{48} = \frac{2}{3}$$이다.
$$\therefore p+q = 5$$

099 정답 ③

5점을 얻을 수 있는 경우를 케이스 분류하면 다음과 같다.
(i) 앞면이 나온 동전의 개수가 4 이상인 경우
앞면이 나온 동전의 개수가 4 이상일 확률은
$${}_5C_4\left(\frac{1}{2}\right)^5 + {}_5C_5\left(\frac{1}{2}\right)^5 = \frac{6}{32} = \frac{3}{16}$$이다.
이때, 두 개의 주사위를 던져서 나온 눈의 수의 합이
5인 경우는 (1, 4), (2, 3), (3, 2), (4, 1)이므로
확률은 $\dfrac{4}{36} = \dfrac{1}{9}$이다.

(ii) 앞면이 나온 동전의 개수가 3 이하인 경우
앞면이 나온 동전의 개수가 3 이하일 확률은
$$1 - \frac{3}{16} = \frac{13}{16}$$이다.
이때, 주사위를 한 개 던져서 나온 눈이 5일 확률은
$\dfrac{1}{6}$이다.

(i), (ii)에 의하여 구하는 확률은
$$\frac{3}{16} \times \frac{1}{9} + \frac{13}{16} \times \frac{1}{6} = \frac{1}{48} + \frac{13}{96} = \frac{15}{96} = \frac{5}{32}$$이다.

100 정답 ②

주머니에서 흰 공이 a번 나올 확률은
$${}_3C_a\left(\frac{1}{3}\right)^a\left(\frac{2}{3}\right)^{3-a} = {}_3C_a \times \left(\frac{1}{3}\right)^3 \times 2^{3-a}$$
동전을 3번 던질 때 앞면이 b번 나올 확률은
$${}_3C_b\left(\frac{1}{2}\right)^b\left(\frac{1}{2}\right)^{3-b} = {}_3C_b \times \left(\frac{1}{2}\right)^3$$

따라서 주머니에서 흰 공이 a번, 동전을 3번 던질 때
앞면도 a번 나올 확률은

$$\left\{{}_3\mathrm{C}_a \times \left(\frac{1}{3}\right)^3 \times 2^{3-a}\right\} \times \left\{{}_3\mathrm{C}_a \times \left(\frac{1}{2}\right)^3\right\}$$

$$= ({}_3\mathrm{C}_a)^2 \times 2^{3-a} \times \left(\frac{1}{6}\right)^3 \ (0 \le a \le 3)$$

구하고자 하는 $a = b$일 확률은
$a = b = 0$ 또는 $a = b = 1$ 또는 $a = b = 2$ 또는
$a = b = 3$인 경우가 있으므로

$$\sum_{a=0}^{3}\left\{({}_3\mathrm{C}_a)^2 \times 2^{3-a} \times \left(\frac{1}{6}\right)^3\right\}$$

$$= \left(\frac{1}{6}\right)^3 \times \sum_{a=0}^{3}\left\{({}_3\mathrm{C}_a)^2 \times 2^{3-a}\right\}$$

$$= \left(\frac{1}{6}\right)^3 \times (2^3 + 3^2 \times 2^2 + 3^2 \times 2^1 + 1)$$

$$= \frac{63}{216} = \frac{7}{24}$$

Ⅲ

통계

| SPEED CHECK |

101 ⑤	**102** 12	**103** ⑤	**104** 44
105 ②	**106** ⑤	**107** ①	**108** 41
109 ③	**110** ④	**111** ②	**112** ⑤
113 ⑤	**114** ③	**115** ①	**116** ③
117 ③	**118** ③	**119** ③	**120** 10
121 50	**122** ②		

| 101 | 정답 ⑤

$\sum\limits_{i=1}^{4} \mathrm{P}(X=x_i)=1$이므로 $a+2b+\dfrac{1}{4}=1$이다.

$\Rightarrow a+2b=\dfrac{3}{4}$ ……㉠

$\mathrm{E}(X)=2\times a+4\times b+6\times\dfrac{1}{4}+8\times b=4$

$\Rightarrow 2a+12b=\dfrac{5}{2}$ ……㉡

㉠, ㉡을 연립하여 풀면 $a=\dfrac{1}{2}$, $b=\dfrac{1}{8}$

$\therefore \ a+b=\dfrac{1}{2}+\dfrac{1}{8}=\dfrac{5}{8}$

| 102 | 정답 12

$\mathrm{E}(Y)=\mathrm{E}(aX+b)=a\mathrm{E}(X)+b=3a+b=8$,
$\mathrm{V}(Y)=\mathrm{V}(aX+b)=a^2\mathrm{V}(X)=2a^2=8$이므로
$a=2$, $b=2$ 또는 $a=-2$, $b=14$이다.
따라서 $a+b$의 최댓값은 12이다.

| 103 | 정답 ⑤

두 눈의 수의 합을 표로 나타내면 다음과 같다.

+	1	2	3	4	5	6
1	2	3	4	5	6	7
2	3	4	5	6	7	8
3	4	5	6	7	8	9
4	5	6	7	8	9	10
5	6	7	8	9	10	11
6	7	8	9	10	11	12

$\therefore \ \mathrm{P}(4\le X\le 6)$

$\quad =\mathrm{P}(X=4)+\mathrm{P}(X=5)+\mathrm{P}(X=6)$

$\quad =\dfrac{3}{36}+\dfrac{4}{36}+\dfrac{5}{36}=\dfrac{12}{36}=\dfrac{1}{3}$

| 104 | 정답 44

$$P(X=11)=\frac{2}{5}\times\frac{1}{4}=\frac{1}{10}$$

$$P(X=16)=\frac{2}{5}\times\frac{3}{4}=\frac{3}{10}$$

$$P(X=61)=\frac{3}{5}\times\frac{2}{4}=\frac{3}{10}$$

$$P(X=66)=\frac{3}{5}\times\frac{2}{4}=\frac{3}{10}$$

이므로 확률변수 X의 확률분포를 표로 나타내면 다음과 같다.

X	11	16	61	66	계
$P(X=x)$	$\frac{1}{10}$	$\frac{3}{10}$	$\frac{3}{10}$	$\frac{3}{10}$	1

$$\therefore\ E(X)=11\times\frac{1}{10}+16\times\frac{3}{10}+61\times\frac{3}{10}+66\times\frac{3}{10}$$

$$=\frac{440}{10}=44$$

| 105 | 정답 ②

상자를 던졌을 때 바닥에 닿은 면에 적힌 수
$k\,(k=1,\,2,\,3,\,4,\,5,\,6)$에 대하여 $P(X=k)=p_k$라 하면
확률의 총합은 1이므로
$p_1+p_2+p_3+p_4+p_5+p_6=1$이고
조건에 의하여 $p_1=p_6,\ p_2=p_5,\ p_3=p_4$이다.

따라서 $2(p_1+p_2+p_3)=1$, 즉 $p_1+p_2+p_3=\frac{1}{2}$

$$\therefore\ E(X)$$
$$=1\times p_1+2\times p_2+3\times p_3+4\times p_4+5\times p_5+6\times p_6$$
$$=7(p_1+p_2+p_3)=\frac{7}{2}$$

| 106 | 정답 ⑤

확률의 총합은 1이므로

$$a+b+\frac{1}{6}=1 \Rightarrow a+b=\frac{5}{6} \qquad \cdots\cdots\ \bigcirc$$

$a,\ b,\ \frac{1}{6}$이 이 순서대로 등차수열을 이루므로

$$a+\frac{1}{6}=2b \qquad \cdots\cdots\ \bigcirc$$

$\bigcirc$, $\bigcirc$에서 $a=\frac{1}{2},\ b=\frac{1}{3}$이므로

$$E(X)=1\times\frac{1}{2}+3\times\frac{1}{3}+5\times\frac{1}{6}=\frac{7}{3}$$

$$\therefore\ E(3X+1)=3E(X)+1=3\times\frac{7}{3}+1=8$$

| 107 | 정답 ①

확률의 총합이 1이므로

$$\frac{-a+2}{10}+\frac{2}{10}+\frac{a+2}{10}+\frac{2a+2}{10}=1$$

$$2a+8=10$$

$$\therefore\ a=1$$

$$E(X)=(-1)\times\frac{1}{10}+0\times\frac{2}{10}+1\times\frac{3}{10}+2\times\frac{4}{10}=1$$

따라서 확률변수 X의 확률분포를 표로 나타내면 다음과 같다.

X	-1	0	1	2	계
$(X-1)^2$	4	1	0	1	
$P(X=x)$	$\frac{1}{10}$	$\frac{2}{10}$	$\frac{3}{10}$	$\frac{4}{10}$	1

$$V(X)=4\times\frac{1}{10}+1\times\frac{2}{10}+0\times\frac{3}{10}+1\times\frac{4}{10}=1$$

$$\therefore\ V(3X+2)=3^2V(X)=9\times1=9$$

| 108 | 정답 41

x에 대한 방정식 $|(x-a)(x-3a)|=b$의 서로 다른 실근의 개수는 $f(x)=(x-a)(x-3a)$라 할 때 함수 $y=|f(x)|$의 그래프와 직선 $y=b$의 서로 다른 교점의 개수이다. a는 자연수이므로 함수 $y=|f(x)|$의 그래프는 다음과 같으며 a^2의 값과 b의 값에 따라 함수 $y=|f(x)|$의 그래프와 직선 $y=b$의 교점의 개수가 결정된다.

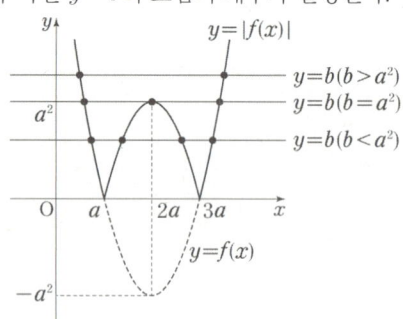

(i) $b<a^2$인 경우
함수 $y=|f(x)|$의 그래프와 직선 $y=b$의 서로 다른 교점의 개수가 4이므로 $X=4$
(ii) $b=a^2$인 경우
함수 $y=|f(x)|$의 그래프와 직선 $y=b$의 서로 다른 교점의 개수가 3이므로 $X=3$
(iii) $b>a^2$인 경우
함수 $y=|f(x)|$의 그래프와 직선 $y=b$의 서로 다른 교점의 개수가 2이므로 $X=2$

b＼a^2	1	4	9	16	25	36
1	$X=3$	$X=4$	$X=4$	$X=4$	$X=4$	$X=4$
2	$X=2$	$X=4$	$X=4$	$X=4$	$X=4$	$X=4$
3	$X=2$	$X=4$	$X=4$	$X=4$	$X=4$	$X=4$
4	$X=2$	$X=3$	$X=4$	$X=4$	$X=4$	$X=4$
5	$X=2$	$X=2$	$X=4$	$X=4$	$X=4$	$X=4$
6	$X=2$	$X=2$	$X=4$	$X=4$	$X=4$	$X=4$

따라서 확률변수 X의 확률분포를 표로 나타내면 다음과 같다.

X	2	3	4	계
$P(X=x)$	$\dfrac{7}{36}$	$\dfrac{2}{36}$	$\dfrac{27}{36}$	1

$$E(X)=\frac{2\times7+3\times2+4\times27}{36}=\frac{128}{36}=\frac{32}{9}$$

$\therefore p+q=41$

| **109** | 정답 ③

(ⅰ) 꺼낸 2개의 공의 색이 서로 같을 때 $X=0$이고
$$P(X=0)=\frac{{}_3C_2}{{}_6C_2}+\frac{{}_3C_2}{{}_6C_2}=\frac{6}{15}$$

(ⅱ) 꺼낸 공이 빨간색 공 1개와 파란색 공 1개일 때에는 확률변수 X가 취하는 값은 2, 3, 4, 5, 6이고
$$P(X=2)=P(X=6)$$
$$=\frac{{}_1C_1\times{}_1C_1}{{}_6C_2}=\frac{1}{15}$$
$$P(X=3)=P(X=5)$$
$$=\frac{2\times{}_1C_1\times{}_1C_1}{{}_6C_2}=\frac{2}{15}$$
$$P(X=4)=\frac{3\times{}_1C_1\times{}_1C_1}{{}_6C_2}=\frac{3}{15}$$

따라서 확률변수 X의 확률분포를 표로 나타내면 다음과 같다.

X	0	2	3	4	5	6	계
$P(X=x)$	$\dfrac{6}{15}$	$\dfrac{1}{15}$	$\dfrac{2}{15}$	$\dfrac{3}{15}$	$\dfrac{2}{15}$	$\dfrac{1}{15}$	1

$$E(X)=2\times\frac{1}{15}+3\times\frac{2}{15}+4\times\frac{3}{15}+5\times\frac{2}{15}+6\times\frac{1}{15}$$
$$=\frac{36}{15}=\frac{12}{5}$$
이므로
$$E(5X+2)=5E(X)+2$$
$$=5\times\frac{12}{5}+2=14$$

| **110** | 정답 ④

확률변수 X에 대하여 $E(X)=100p$이므로
$$E(2X)=2E(X)=2\times100p=40에서\ p=\frac{1}{5}이다.$$
이때 $\sigma(X)=\sqrt{100\times\dfrac{1}{5}\times\dfrac{4}{5}}=4$이므로
$$\sigma(-2X+3)=|-2|\sigma(X)=2\times4=8$$

| **111** | 정답 ②

주사위를 1번 던질 때, 나온 눈의 수가 소수 또는 홀수일 확률은 $\dfrac{2}{3}$이므로

확률변수 X는 이항분포 $B\left(n,\ \dfrac{2}{3}\right)$를 따른다.

$$E(X)=n\times\frac{2}{3}=\frac{2}{3}n,$$
$$V(X)=\frac{2}{3}n\times\frac{1}{3}=\frac{2}{9}n$$이므로
$$E(X)+V(X)=\frac{2}{3}n+\frac{2}{9}n=800에서$$
$$\frac{8}{9}n=800$$
$$\therefore\ n=900$$

| **112** | 정답 ⑤

전체 투표에 참가한 사람 중에서 찬성에 투표한 사람의 비율이 $\dfrac{60}{100}=\dfrac{3}{5}$이므로

확률변수 X는 이항분포 $B\left(50,\ \dfrac{3}{5}\right)$을 따른다.
$$\therefore\ V(X)=50\times\frac{3}{5}\times\frac{2}{5}=12$$

| **113** | 정답 ⑤

바구니에서 임의로 과일을 동시에 2개 꺼낼 때, 꺼낸 과일이 모두 사과일 확률은 $\dfrac{{}_5C_2}{{}_8C_2}=\dfrac{5}{14}$

따라서 확률변수 X는 이항분포 $B\left(70,\ \dfrac{5}{14}\right)$를 따른다.
$$\therefore\ E(X)=70\times\frac{5}{14}=25$$

114 — 정답 ③

$f(a) = a(a-4) < 0$에서 $0 < a < 4$
따라서 가능한 자연수 a의 값은 1, 2, 3이다.
한 개의 주사위를 던져서 1 또는 2 또는 3의 눈이 나올
확률은 $\dfrac{1}{2}$이므로

확률변수 X는 이항분포 $B\left(100, \dfrac{1}{2}\right)$을 따른다.

따라서 $V(X) = 100 \times \dfrac{1}{2} \times \dfrac{1}{2} = 25$이므로
$\sigma(X) = 5$이다.

115 — 정답 ①

확률변수 X가 이항분포 $B(n, p)$를 따르므로
$P(X=1) = {}_n C_1 p(1-p)^{n-1}$
$P(X=2) = {}_n C_2 p^2(1-p)^{n-2}$
이고
$E(X) = 2$에서 $np = 2$ ......㉠
$P(X=1) = \dfrac{4}{5} P(X=2)$에서

${}_n C_1 p(1-p)^{n-1} = \dfrac{4}{5} \times {}_n C_2 p^2(1-p)^{n-2}$

$np(1-p)^{n-1} = \dfrac{4}{5} \times \dfrac{n(n-1)}{2} \times p^2(1-p)^{n-2}$

$1-p = \dfrac{4}{5} \times \dfrac{n-1}{2} \times p$

$1-p = \dfrac{2}{5}(n-1)p$

$1-p = \dfrac{2}{5}np - \dfrac{2}{5}p$

$1-p = \dfrac{4}{5} - \dfrac{2}{5}p$ ($\because$ ㉠)

즉, $p = \dfrac{1}{3}$이다.

$\therefore V(3X) = 9V(X) = 9np(1-p) = 9 \times 2 \times \dfrac{2}{3} = 12$

116 — 정답 ③

확률변수 X가 이항분포 $B(n, p)$를 따르므로
$E(X) = np$, $V(X) = np(1-p)$이다. (단, $0 < p < 1$)
$V(X) = E(X^2) - \{E(X)\}^2$에 $E(X^2) = 2V(X)$를
대입하면
$V(X) = 2V(X) - \{E(X)\}^2$, $V(X) = \{E(X)\}^2$,
$np(1-p) = n^2 p^2$
$\Rightarrow 1-p = np$ ......㉠

한편, $P(X=1) = {}_n C_1 p^1(1-p)^{n-1}$,
$P(X=2) = {}_n C_2 p^2(1-p)^{n-2}$이므로

$\dfrac{P(X=2)}{P(X=1)} = \dfrac{\dfrac{n(n-1)}{2}p^2(1-p)^{n-2}}{np^1(1-p)^{n-1}}$

$= \dfrac{(n-1)p}{2(1-p)} = \dfrac{n-1}{2n}$ ($\because$ ㉠)

$\dfrac{n-1}{2n} = \dfrac{2}{5}$에서 $5n-5 = 4n \Rightarrow n = 5$

㉠에서 $1-p = 5p \Rightarrow p = \dfrac{1}{6}$

따라서 $E(X) = \dfrac{5}{6}$이므로

$E(12X+1) = 12E(X) + 1 = 11$

117 — 정답 ③

$P(0 \le X \le x) = a(x^2 + x)$에서
$P(0 \le X \le 1) = 2a = 1 \Rightarrow a = \dfrac{1}{2}$

따라서 $P\left(0 \le X \le \dfrac{1}{2}\right) = \dfrac{3}{4}a = \dfrac{3}{8}$이다.

118 — 정답 ③

$f(x)$가 확률변수 X의 확률밀도함수이므로
함수 $y = f(x)$의 그래프와 x축으로 둘러싸인 부분의
넓이가 1이므로 $\dfrac{1}{2} \times 4 \times 2a = 1$에서 $a = \dfrac{1}{4}$

따라서 $f(x) = \begin{cases} \dfrac{1}{4}x & (0 \le x \le 2) \\ \dfrac{1}{4}(4-x) & (2 < x \le 4) \end{cases}$ 이다.

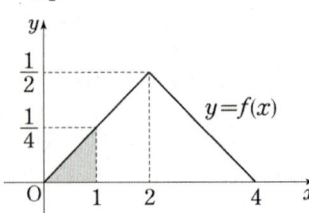

$\therefore P(0 \le X \le 1) = \dfrac{1}{2} \times 1 \times \dfrac{1}{4} = \dfrac{1}{8}$

119 — 정답 ③

확률밀도함수 $f(x) = b - ax$의 그래프와 x축, y축 및
직선 $x = 3$으로 둘러싸인 부분의 넓이가 1이므로
$\dfrac{f(0) + f(3)}{2} \times 3 = 1$에서 $2b - 3a = \dfrac{2}{3}$ ......㉠

$P(1 \leq X \leq 2)$의 값은 확률밀도함수 $f(x)$에 대하여 함수 $y = f(x)$의 그래프와 두 직선 $x = 1$, $x = 2$ 및 x축으로 둘러싸인 부분의 넓이이므로

$$P(1 \leq X \leq 2) = \frac{f(1) + f(2)}{2} \times 1$$

$$= \frac{1}{2} \times (2b - 3a) = \frac{1}{3} \ (\because \ \bigcirc)$$

120 정답 10

확률밀도함수를 $f(x)$라 하면 $y = f(x)$의 그래프와 x축으로 둘러싸인 부분의 넓이가 1이므로

$$\frac{1}{2} \times a \times b = 1$$

$$\therefore \ ab = 2 \qquad\qquad \cdots\cdots \bigcirc$$

$P(0 \leq X \leq 2) = \frac{1}{2} \times 2 \times b = b$이므로

$$P\left(0 \leq X \leq \frac{a}{2}\right) < P(0 \leq X \leq 2)$$

따라서 $\frac{a}{2} < 2$이고 $f\left(\frac{a}{2}\right) = \frac{ab}{4} = \frac{1}{2}$이므로

$$P\left(0 \leq X \leq \frac{a}{2}\right) = \frac{1}{2} \times \frac{a}{2} \times \frac{1}{2} = \frac{a}{8} = \frac{b}{2}$$

$$\therefore \ a = 4b \qquad\qquad \cdots\cdots \bigcirc$$

$\bigcirc$, $\bigcirc$에서 $b^2 = \frac{1}{2}$, $a^2 = 8$

$$\therefore \ a^2 + 4b^2 = 10$$

다른 풀이

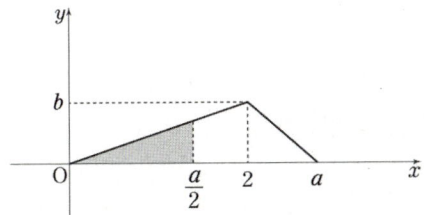

그림에서 밑변의 길이가 2, 높이가 b인 삼각형의 넓이는 b이고

밑변의 길이가 $\frac{a}{2}$인 색칠한 삼각형의 넓이는

$\frac{b}{2}$이므로

닮음인 두 삼각형의 넓이의 비는 2:1이다.
따라서 두 삼각형의 닮음비는 $\sqrt{2}:1$이므로

$$2 : \frac{a}{2} = \sqrt{2} : 1$$

$$\therefore \ a = 2\sqrt{2}$$

확률밀도함수의 그래프와 x축으로 둘러싸인 부분의 넓이는 1이므로

$$\frac{1}{2} \times a \times b = 1, \ \frac{1}{2} \times 2\sqrt{2} \times b = 1$$

$$\therefore \ b = \frac{1}{\sqrt{2}}$$

$$\therefore \ a^2 + 4b^2 = 10$$

121 정답 50

연속확률변수 X가 갖는 값의 범위는 $0 \leq X \leq 2$이므로 $P(0 \leq X \leq 2) = 1$이다.
이때 $P(x \leq X \leq 2) = a(x-2)^2$이므로
$x = 0$을 대입하면 $4a = 1$

$$\therefore \ a = \frac{1}{4}$$

따라서

$$P\left(\frac{1}{2} \leq X \leq 1\right) = P\left(\frac{1}{2} \leq X \leq 2\right) - P(1 \leq X \leq 2)$$

$$= \frac{1}{4} \times \left(-\frac{3}{2}\right)^2 - \frac{1}{4} \times (-1)^2$$

$$= \frac{9}{16} - \frac{1}{4} = \frac{5}{16}$$

이므로 $k = \frac{5}{16}$이다.

$$\therefore \ 160k = 50$$

122 정답 ②

확률밀도함수 $y = f(x)$의 그래프는 다음과 같다.

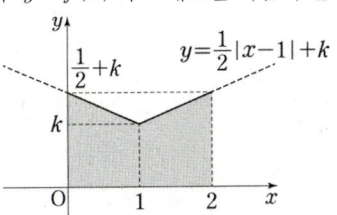

함수 $y = f(x)$의 그래프와 x축 및 두 직선 $x = 0$, $x = 2$로 둘러싸인 부분의 넓이가 1이므로

$$2 \times \frac{1}{2} \times \left\{ k + \left(k + \frac{1}{2} \right) \right\} \times 1 = 1$$

$$\therefore \ k = \frac{1}{4}$$

따라서 $f(x) = \frac{1}{2}|x-1| + \frac{1}{4}$

구하는 확률은 다음 그림에서 색칠한 부분의 넓이와 같다.

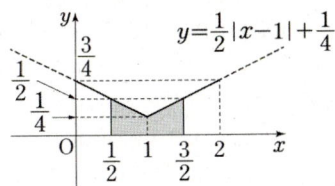

$f\left(\dfrac{1}{2}\right)=\dfrac{1}{2}$ 이고 함수 $y=f(x)$ 의 그래프는

직선 $x=1$ 에 대하여 대칭이므로

$\therefore \mathrm{P}\left(\dfrac{1}{2}\le X\le \dfrac{3}{2}\right)=2\mathrm{P}\left(\dfrac{1}{2}\le X\le 1\right)$

$\qquad\qquad\qquad\qquad =2\times \dfrac{1}{2}\times\left(\dfrac{1}{4}+\dfrac{1}{2}\right)\times\dfrac{1}{2}=\dfrac{3}{8}$

6일차

| SPEED CHECK |

123 ①	**124** ③	**125** ②	**126** ③
127 ④	**128** ③	**129** ④	**130** ①
131 ②	**132** ④	**133** ①	**134** 16
135 ③	**136** 324	**137** ⑤	**138** ①
139 25	**140** ③	**141** ④	**142** 28
143 25	**144** ②	**145** ④	**146** ③
147 144	**148** 27	**149** ⑤	**150** ⑤

| 123 | 정답 ①

확률변수 X 가

$\mathrm{P}(X\ge 30)=\mathrm{P}(X\le 30)$ 을 만족시키므로

$m=30$

따라서 확률변수 X 는 정규분포 $\mathrm{N}(30,\,5^2)$ 을 따르므로

확률변수 $Z=\dfrac{X-30}{5}$ 은 표준정규분포 $\mathrm{N}(0,\,1)$ 을 따른다.

$\therefore \mathrm{P}(X\ge 40)=\mathrm{P}\left(Z\ge \dfrac{40-30}{5}\right)$

$\qquad\qquad\qquad =\mathrm{P}(Z\ge 2)$

$\qquad\qquad\qquad =0.5-0.4772=0.0228$

| 124 | 정답 ③

확률변수 X 는 정규분포 $\mathrm{N}(m,\,\sigma^2)$ 을 따르므로

$\mathrm{P}(X\le m-12)=\mathrm{P}(X\ge m+12)$

$\qquad\qquad\qquad\quad =0.5-\mathrm{P}(m\le X\le m+12)$

따라서

$\mathrm{P}(m\le X\le m+12)-\mathrm{P}(X\le m-12)=0.3664$ 에서

$2\mathrm{P}(m\le X\le m+12)-0.5=0.3664$ 이므로

$\mathrm{P}(m\le X\le m+12)=0.4332$ 이다.

즉, $\mathrm{P}\left(0\le Z\le \dfrac{12}{\sigma}\right)=0.4332$ 이고

주어진 표준정규분포표에서

$\mathrm{P}(0\le Z\le 1.5)=0.4332$ 이므로

$\dfrac{12}{\sigma}=1.5$

$\therefore \sigma=8$

| 125 | 정답 ②

확률변수 X 가 정규분포 $\mathrm{N}(40,\,10^2)$ 을 따르므로

$Z=\dfrac{X-40}{10}$ 라 하면 확률변수 Z 는 표준정규분포

$\mathrm{N}(0,\,1)$ 을 따른다.

따라서

$\mathrm{P}(|X-40|\le 15)=\mathrm{P}\left(|Z|\le \dfrac{3}{2}\right)$

확률변수 Y 가 정규분포 $\mathrm{N}(60,\,5^2)$ 을 따르므로

$Z=\dfrac{Y-60}{5}$ 라 하면 확률변수 Z 는 표준정규분포

$\mathrm{N}(0,\,1)$ 을 따른다.

$\mathrm{P}(|Y-60|\ge k)=\mathrm{P}\left(|Z|\ge \dfrac{k}{5}\right)$ 이다.

따라서

$\mathrm{P}\left(|Z|\le \dfrac{3}{2}\right)+\mathrm{P}\left(|Z|\ge \dfrac{k}{5}\right)=1$ 에서

$\dfrac{3}{2}=\dfrac{k}{5}$

$\therefore k=\dfrac{15}{2}$

| 126 | 정답 ③

$\mathrm{P}\left(X-m\le \dfrac{k}{2}\right)=\mathrm{P}\left(\dfrac{X-m}{1}\le \dfrac{k}{2}\right)$

$\qquad\qquad\qquad\quad =\mathrm{P}\left(Z\le \dfrac{k}{2}\right),$

$\mathrm{P}\left(Y-m\ge \dfrac{k-3}{4}\right)=\mathrm{P}\left(\dfrac{Y-m}{\dfrac{1}{2}}\ge \dfrac{k-3}{2}\right)$

$\qquad\qquad\qquad\qquad =\mathrm{P}\left(Z\ge \dfrac{k-3}{2}\right)$

에서 $\mathrm{P}\left(Z\le \dfrac{k}{2}\right)=\mathrm{P}\left(Z\ge \dfrac{k-3}{2}\right)$ 이므로

$\dfrac{k}{2}+\dfrac{k-3}{2}=0$

$\therefore k=\dfrac{3}{2}$

127 정답 ④

$$P\left(|X-m| \le \frac{k\sigma}{2}\right)$$
$$=P\left(\left|\frac{X-m}{\sigma}\right| \le \frac{k}{2}\right)$$
$$=P\left(|Z| \le \frac{k}{2}\right),$$
$$P\left(|Y-m| \le (4-k)\sigma\right)$$
$$=P\left(\left|\frac{Y-m}{2\sigma}\right| \le \frac{4-k}{2}\right)$$
$$=P\left(|Z| \le \frac{4-k}{2}\right)$$

에서 $P\left(|Z| \le \frac{k}{2}\right)=P\left(|Z| \le \frac{4-k}{2}\right)$이므로

$$\frac{k}{2}=\frac{4-k}{2}$$
$$\therefore \ k=2$$

128 정답 ③

곡선 $y=f(x)$는 직선 $x=m$에 대하여 대칭이므로
$f(3)=f(6)$에서
$$m=\frac{3+6}{2}=\frac{9}{2}$$
$P(X \le 3)=P(Y \ge 12)$에서
$$P\left(\frac{X-m}{\sigma} \le \frac{3-m}{\sigma}\right)$$
$$=P\left(\frac{Y-m-\sigma}{\sigma} \ge \frac{12-m-\sigma}{\sigma}\right)$$
즉, $P\left(Z \le \dfrac{-\frac{3}{2}}{\sigma}\right)=P\left(Z \ge \dfrac{\frac{15}{2}-\sigma}{\sigma}\right)$

따라서 $\dfrac{-\frac{3}{2}}{\sigma}+\dfrac{\frac{15}{2}-\sigma}{\sigma}=0$에서

$$\sigma=6$$
$$\therefore \ m\sigma=\frac{9}{2}\times 6=27$$

129 정답 ④

확률변수 X가 정규분포 $\mathrm{N}(m, \sigma^2)$을 따르므로
$P(X \ge 6)=P\left(Z \ge \dfrac{6-m}{\sigma}\right)$이고
$P(X \le 24)=P\left(Z \le \dfrac{24-m}{\sigma}\right)$이다.

조건 (가)에 의하여 $\dfrac{6-m}{\sigma}+\dfrac{24-m}{\sigma}=0$에서

$m=15$이다.

$$P(11 \le X \le 19)=P\left(-\frac{4}{\sigma} \le Z \le \frac{4}{\sigma}\right)$$
$$=2P\left(0 \le Z \le \frac{4}{\sigma}\right)$$

이고 $0.6826=2P(0 \le Z \le 1)$이다.

조건 (나)에 의하여 $\dfrac{4}{\sigma}=1$에서 $\sigma=4$이다.

$$\therefore \ P(9 \le X \le 13)=P(-1.5 \le Z \le -0.5)$$
$$=P(0.5 \le Z \le 1.5)$$
$$=0.4332-0.1915=0.2417$$

130 정답 ①

학생 A가 집에서 출발하여 학교까지 가는 데 걸리는
시간을 확률변수 X라 하자.
확률변수 X는 정규분포 $\mathrm{N}(30, 5^2)$을 따르므로
확률변수 $Z=\dfrac{X-30}{5}$은 표준정규분포 $\mathrm{N}(0, 1)$을 따른다.

$X > 38$일 때 학생 A는 지각하게 되므로
학생 A가 지각할 확률은
$$P(X > 38)=P\left(Z > \frac{38-30}{5}\right)$$
$$=P(Z > 1.6)$$
$$=0.5-P(0 \le Z \le 1.6)$$
$$=0.5-0.4452=0.0548$$

131 정답 ②

어떤 지역 고등학생 전체의 6.68%는 스마트폰 중독으로
분류가 되었으므로 이 지역 전체 고등학생 중 임의로 뽑은
1명의 일주일 동안 스마트폰 접속시간이 a분 이상일
확률이 0.0668이다.
일주일 동안의 스마트폰 접속시간을 확률변수 X라 하면
X는 평균이 265분, 표준편차가 40분인 정규분포를
이루므로
확률변수 $Z=\dfrac{X-265}{40}$는 표준정규분포 $\mathrm{N}(0, 1)$을
따른다.
$$P(X \ge a)=P\left(Z \ge \frac{a-265}{40}\right)$$
$$=0.5-P\left(0 \le Z \le \frac{a-265}{40}\right)$$
$$=0.0668$$
에서 $P\left(0 \le Z \le \dfrac{a-265}{40}\right)=0.4332$이므로

$$\frac{a-265}{40}=1.5$$
$$\therefore \ a=325$$

132 — 정답 ④

확률변수 X는 이항분포 $B\left(720,\ \dfrac{1}{6}\right)$을 따르므로

$$E(X) = 720 \times \dfrac{1}{6} = 120,\ V(X) = 120 \times \dfrac{5}{6} = 100$$

이때 720은 충분히 큰 수이므로 확률변수 X는
근사적으로 정규분포 $N(120,\ 10^2)$을 따른다.

따라서 확률변수 $Z = \dfrac{X-120}{10}$은 표준정규분포 $N(0,\ 1)$을
따르므로

$$\begin{aligned}
P(100 \leq X \leq 130) &= P\left(\dfrac{100-120}{10} \leq Z \leq \dfrac{130-120}{10}\right)\\
&= P(-2 \leq Z \leq 1)\\
&= P(-2 \leq Z \leq 0) + P(0 \leq Z \leq 1)\\
&= P(0 \leq Z \leq 2) + P(0 \leq Z \leq 1)\\
&= 0.4772 + 0.3413\\
&= 0.8185
\end{aligned}$$

133 — 정답 ①

확률변수 X의 확률밀도함수를 $f(x)$라 하면 곡선
$y = f(x)$는 직선 $x = 25$에 대하여 대칭이므로
$P(k \leq X \leq k+8) = 0.8664$를 만족시키는 실수 k
가 오직 한 개 존재하려면

$$\dfrac{k+(k+8)}{2} = 25,\ 즉\ k = \dfrac{50-8}{2} = 21 \qquad \cdots\cdots \text{㉠}$$

이고, 이때 $P(k \leq X \leq k+8) = 0.8664$이어야 한다.

㉠에서

$$k_1 = 21$$

이고, 확률변수 $Z = \dfrac{X-25}{\sigma}$는 표준정규분포
$N(0,\ 1)$을 따르므로

$$\begin{aligned}
&P(k_1 \leq X \leq k_1+8)\\
&= P(21 \leq X \leq 29)\\
&= P\left(\dfrac{21-25}{\sigma} \leq \dfrac{X-25}{\sigma} \leq \dfrac{29-25}{\sigma}\right)\\
&= P\left(-\dfrac{4}{\sigma} \leq Z \leq \dfrac{4}{\sigma}\right)\\
&= 2 \times P\left(0 \leq Z \leq \dfrac{4}{\sigma}\right) = 0.8664
\end{aligned}$$

따라서 $P\left(0 \leq Z \leq \dfrac{4}{\sigma}\right) = 0.4332$이므로

$$\dfrac{4}{\sigma} = 1.5,\ 즉\ \sigma = \dfrac{4}{1.5} = \dfrac{8}{3}$$

$$\therefore\ k_1 \times \sigma = 21 \times \dfrac{8}{3} = 56$$

참고

확률변수 X의 확률밀도함수 $y = f(x)$의 그래프는
직선 $x = 25$에 대하여 대칭이므로
$$f(k) = f(50-k)$$
따라서
$$P(k \leq X \leq k+8) = P(42-k \leq X \leq 50-k)$$
이때 조건에서 $P(k \leq X \leq k+8) = 0.8664$를
만족시키는 실수 k가 오직 한 개 존재하므로
$k = 42-k$이고 $k+8 = 50-k$
$$\therefore\ k = 21$$

134 — 정답 16

확률변수 X는 정규분포를 따르므로
곡선 $y = f(x)$는 직선 $x = m$에 대하여 대칭이다.

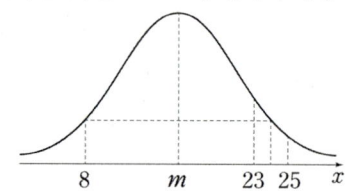

한편 $f(25) < f(8) < f(23)$를 만족시키므로
$23 < m + (m-8) < 25$에서 $31 < 2m < 33$
m의 값이 자연수이므로 $2m = 32$에서 $m = 16$이다.

135 — 정답 ③

확률변수 X는 정규분포 $N(t^2,\ 3^2)$을 따르므로 확률변수
$Z = \dfrac{X-t^2}{3}$은 표준정규분포 $N(0,\ 1)$을 따른다.

$$\begin{aligned}
\therefore\ f(t) &= P(2t \leq X \leq 2t+6)\\
&= P\left(\dfrac{2t-t^2}{3} \leq \dfrac{X-t^2}{3} \leq \dfrac{(2t+6)-t^2}{3}\right)\\
&= P\left(\dfrac{2t-t^2}{3} \leq Z \leq \dfrac{(2t+6)-t^2}{3}\right)\\
&= P\left(\dfrac{2t-t^2}{3} \leq Z \leq \dfrac{2t-t^2}{3}+2\right) \quad\cdots\cdots \text{㉠}
\end{aligned}$$

한편, 표준정규분포의 확률밀도함수를 $g(x)$라 하자.

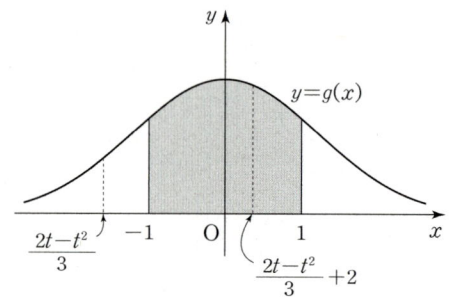

함수 $y = g(x)$의 그래프는 직선 $x = 0$에 대하여 대칭이고 $|x_1| < |x_2|$이면 $g(|x_1|) > g(|x_2|)$이므로 모든 실수 t에 대하여

$$\mathrm{P}\left(\frac{2t - t^2}{3} \leq Z \leq \frac{2t - t^2}{3} + 2\right) \leq \mathrm{P}(-1 \leq Z \leq 1)$$

이 성립하고, 등호는 $\dfrac{2t - t^2}{3} = -1$, 즉

$t^2 - 2t - 3 = (t+1)(t-3) = 0$일 때 성립한다.
이때 $t > 0$이므로 $t = 3$이다.
따라서 $\alpha = 3$이고, 함수 $f(t)$는 $t = 3$일 때 최댓값

$$f(3) = \mathrm{P}(-1 \leq Z \leq 1) = 2\mathrm{P}(0 \leq Z \leq 1)$$
$$= 2 \times 0.3413 = 0.6826$$

을 갖는다.
$\therefore \alpha \times M = 3 \times 0.6826 = 2.0478$

| 136 | 정답 324

$h = 2 \times 2.58 \times \dfrac{\sigma}{\sqrt{81}}$이므로

$$\frac{h}{2} = \frac{1}{2} \times 2 \times 2.58 \times \frac{\sigma}{\sqrt{81}} = 2 \times 2.58 \times \frac{\sigma}{\sqrt{n}}$$

따라서 $n = 324$이다.

| 137 | 정답 ⑤

확률의 총합은 1이므로 $\dfrac{1}{4} + \dfrac{1}{2} + a = 1$에서 $a = \dfrac{1}{4}$

$$\mathrm{E}(X) = (-1) \times \frac{1}{4} + 0 \times \frac{1}{2} + 1 \times \frac{1}{4} = 0,$$

$$\mathrm{E}(X^2) = (-1)^2 \times \frac{1}{4} + 0^2 \times \frac{1}{2} + 1^2 \times \frac{1}{4} = \frac{1}{2}$$이므로

$$\mathrm{V}(X) = \mathrm{E}(X^2) - \{\mathrm{E}(X)\}^2 = \frac{1}{2} - 0 = \frac{1}{2}$$

따라서
$$\mathrm{E}(\overline{X}) = \mathrm{E}(X) = 0,$$
$$\mathrm{V}(\overline{X}) = \frac{1}{10}\mathrm{V}(X) = \frac{1}{10} \times \frac{1}{2} = \frac{1}{20}$$

| 138 | 정답 ①

$\mathrm{E}(X) = (-1) \times a + 1 \times b = b - a$이고
$\mathrm{E}(X^2) = 1 \times a + 1 \times b = a + b = 1$이다.
이때 $b = 1 - a$이므로
$$\mathrm{V}(X) = 1 - (b - a)^2$$
$$= 1 - (1 - 2a)^2$$
$$= -4a^2 + 4a$$

이때 $\mathrm{V}(\overline{X}) = \dfrac{1}{4} \times \mathrm{V}(X) = -a^2 + a$이므로

$-a^2 + a = \dfrac{1}{4}$에서

$4a^2 - 4a + 1 = 0$, $(2a - 1)^2 = 0$

$\therefore a = \dfrac{1}{2}$

따라서 $b = 1 - a = \dfrac{1}{2}$이므로 $a^2 + b^2 = \dfrac{1}{2}$이다.

| 139 | 정답 25

모집단의 확률변수 X가 취할 수 있는 값이 0, 1, 2, 3인 정수이고 확률질량함수가

$$\mathrm{P}(X = k) = \frac{{}_3\mathrm{C}_k}{8} = {}_3\mathrm{C}_k\left(\frac{1}{2}\right)^3$$이므로

확률변수 X는 이항분포 $\mathrm{B}\left(3, \dfrac{1}{2}\right)$를 따른다.

$$\mathrm{V}(X) = 3 \times \frac{1}{2} \times \frac{1}{2} = \frac{3}{4}$$

$$\Rightarrow \mathrm{V}(\overline{X}) = \frac{\mathrm{V}(X)}{3} = \frac{1}{4}$$

$$\therefore \mathrm{V}(10\overline{X}) = 10^2\mathrm{V}(\overline{X}) = 25$$

다른 풀이

$$\mathrm{E}(X) = \sum_{k=0}^{3}\left(k \times \frac{{}_3\mathrm{C}_k}{8}\right)$$

$$= 0 \times \frac{1}{8} + 1 \times \frac{3}{8} + 2 \times \frac{3}{8} + 3 \times \frac{1}{8} = \frac{3}{2}$$

$$\mathrm{E}(X^2) = \sum_{k=0}^{3}\left(k^2 \times \frac{{}_3\mathrm{C}_k}{8}\right)$$

$$= 0 \times \frac{1}{8} + 1^2 \times \frac{3}{8} + 2^2 \times \frac{3}{8} + 3^2 \times \frac{1}{8} = 3$$

$$\mathrm{V}(X) = \mathrm{E}(X^2) - \{\mathrm{E}(X)\}^2$$
$$= 3 - \left(\frac{3}{2}\right)^2 = \frac{3}{4}$$

$$\Rightarrow \mathrm{V}(\overline{X}) = \frac{\mathrm{V}(X)}{3} = \frac{1}{4}$$

$$\therefore \mathrm{V}(10\overline{X}) = 10^2\mathrm{V}(\overline{X}) = 25$$

| 140 | 정답 ③

확률변수 X가 정규분포 $\mathrm{N}(m, \sigma^2)$을 따르므로 크기가 4인 표본의 표본평균 $\overline{X}$는

정규분포 $\mathrm{N}\left(m, \left(\dfrac{\sigma}{2}\right)^2\right)$을 따른다.

따라서 확률변수 $Z = \dfrac{\overline{X} - m}{\frac{\sigma}{2}}$ 은

표준정규분포 $N(0, 1)$을 따른다.

$P(|\overline{X} - m| \leq a) = 2P(0 \leq \overline{X} - m \leq a)$

$\qquad\qquad\qquad = 2P\left(0 \leq Z \leq \dfrac{2a}{\sigma}\right) = 0.9282$

즉, $P\left(0 \leq Z \leq \dfrac{2a}{\sigma}\right) = 0.4641$

이때 $P(0 \leq Z \leq 1.8) = 0.4641$이므로

$\dfrac{2a}{\sigma} = 1.8$에서 $a = 0.9\sigma$

$\therefore P(|X - m| \leq a) = 2P(0 \leq X - m \leq a)$

$\qquad\qquad\qquad = 2P\left(0 \leq Z \leq \dfrac{a}{\sigma}\right)$

$\qquad\qquad\qquad = 2P(0 \leq Z \leq 0.9)$

$\qquad\qquad\qquad = 2 \times 0.3159 = 0.6318$

141 정답 ④

라면 한 봉지에 포함된 나트륨 함량이 정규분포
$N(m, \sigma^2)$을 따르므로 크기가 4인 표본의 표본평균을
$\overline{X}$ 라 하면 $\overline{X}$ 는 정규분포 $N\left(m, \left(\dfrac{\sigma}{2}\right)^2\right)$을 따른다.

따라서 확률변수 $Z = \dfrac{\overline{X} - m}{\frac{\sigma}{2}}$ 은 표준정규분포 $N(0, 1)$을

따르므로

$P(1.5m \leq \overline{X} \leq 2m)$

$= P\left(\dfrac{1.5m - m}{\frac{\sigma}{2}} \leq Z \leq \dfrac{2m - m}{\frac{\sigma}{2}}\right)$

$= P\left(\dfrac{m}{\sigma} \leq Z \leq \dfrac{2m}{\sigma}\right)$

$= P\left(\dfrac{1.2\sigma}{\sigma} \leq Z \leq \dfrac{2.4\sigma}{\sigma}\right) \ (\because \ m = 1.2\sigma)$

$= P(1.2 \leq Z \leq 2.4)$

$= P(0 \leq Z \leq 2.4) - P(0 \leq Z \leq 1.2)$

$= 0.1069$

142 정답 28

이 회사에서 판매한 음료수의 용량은 정규분포
$N(120, 5^2)$을 따르므로 크기가 n인 표본의 표본평균
$\overline{X}$ 는 정규분포 $N\left(120, \left(\dfrac{5}{\sqrt{n}}\right)^2\right)$을 따른다.

이때 확률변수 $Z = \dfrac{\overline{X} - 120}{\frac{5}{\sqrt{n}}}$ 은 표준정규분포 $N(0, 1)$을

따르므로

$P(119 \leq \overline{X} \leq 121) = P\left(\dfrac{119 - 120}{\frac{5}{\sqrt{n}}} \leq Z \leq \dfrac{121 - 120}{\frac{5}{\sqrt{n}}}\right)$

$\qquad\qquad\qquad = P\left(-\dfrac{\sqrt{n}}{5} \leq Z \leq \dfrac{\sqrt{n}}{5}\right)$

$\qquad\qquad\qquad = 2P\left(0 \leq Z \leq \dfrac{\sqrt{n}}{5}\right) \geq 0.7$

$\Rightarrow P\left(0 \leq Z \leq \dfrac{\sqrt{n}}{5}\right) \geq 0.35$

$P(0 \leq Z \leq 1.04) = 0.3500$이므로 $\dfrac{\sqrt{n}}{5} \geq 1.04$

$\sqrt{n} \geq 5.2 \Rightarrow n \geq 27.04$

따라서 자연수 n의 최솟값은 28이다.

143 정답 25

초콜릿 1개의 무게(g)를 확률변수 X 라 하면 X 는
정규분포 $N(m, \sigma^2)$을 따르므로 모평균 m에 대한 신뢰도
95 %의 신뢰구간은

$\overline{x} - 1.96 \times \dfrac{\sigma}{\sqrt{49}} \leq m \leq \overline{x} + 1.96 \times \dfrac{\sigma}{\sqrt{49}}$

이때 주어진 조건에서 신뢰구간은
$1.73 \leq m \leq 1.87$이므로

$\overline{x} - 1.96 \times \dfrac{\sigma}{\sqrt{49}} = 1.73$ $\qquad\qquad$ ······ ㉠

$\overline{x} + 1.96 \times \dfrac{\sigma}{\sqrt{49}} = 1.87$ $\qquad\qquad$ ······ ㉡

㉠+㉡에서 $2\overline{x} = 3.6$이므로 $\overline{x} = 1.8$이고

㉡-㉠에서 $2 \times 1.96 \times \dfrac{\sigma}{\sqrt{49}} = 0.14$이므로

$\sigma = 0.25$이다.

$\therefore 180k = 180 \times \dfrac{0.25}{1.8} = 25$

144 정답 ②

$P(|Z| \leq 1.96) = 0.95$이므로 임의추출한 크기가 100인
표본을 이용하여 구한 모평균 m에 대한 신뢰도 95 %의
신뢰구간 $2 \leq m \leq 4$에서

$4 - 2 = 2 \times 1.96 \times \dfrac{\sigma}{\sqrt{100}}$

$\therefore \sigma = \dfrac{1000}{196}$

따라서 임의추출한 크기가 81인 표본을 이용하여 구한 모평균 m에 대한 신뢰도 95%의 신뢰구간

$a \leq m \leq b$에서 $b - a = 2 \times 1.96 \times \dfrac{\dfrac{1000}{196}}{\sqrt{81}} = \dfrac{20}{9}$ 이다.

| 145 | 정답 ④

이 공장에서 생산된 제품의 무게는 정규분포 $N(m, 7^2)$을 따르므로

신뢰도 99%로 추정한 모평균 m에 대한 신뢰구간은

$30.5 - 2.58 \times \dfrac{7}{\sqrt{n}} \leq m \leq 30.5 + 2.58 \times \dfrac{7}{\sqrt{n}}$ 이다.

$30.5 - 2.58 \times \dfrac{7}{\sqrt{n}} = 27.92$에서 $n = 49$이고,

$30.5 + 2.58 \times \dfrac{7}{\sqrt{n}} = k$에서 $k = 33.08$

$\therefore n + k = 82.08$

| 146 | 정답 ③

정규분포 $N(m, \sigma^2)$을 따르는 모집단에서 크기가 9인 표본을 임의추출하여 얻은 표본평균이 14이므로 모평균 m에 대한 신뢰도 95%의 신뢰구간은

$14 - 1.96 \times \dfrac{\sigma}{\sqrt{9}} \leq m \leq 14 + 1.96 \times \dfrac{\sigma}{\sqrt{9}}$

이때, 신뢰구간이 $a \leq m \leq b$와 같으므로 $a + b = 28$이다.
...... ㉠

세 수 a, $3a$, b가 이 순서대로 등차수열을 이루므로

$a + b = 6a$이고, ㉠에 의하여 $a = \dfrac{14}{3}$이다.

또한 $a = 14 - 1.96 \times \dfrac{\sigma}{\sqrt{9}}$ 에서

$\dfrac{14}{3} = 14 - 1.96 \times \dfrac{\sigma}{\sqrt{9}}$,

$\dfrac{28}{3} = 1.96 \times \dfrac{\sigma}{3}$

$\therefore \sigma = \dfrac{28}{3} \times \dfrac{3}{1.96}$

$\qquad = \dfrac{100}{7}$

| 147 | 정답 144

이 고등학교 학생 중 49명을 임의추출하여 구한 일주일 동안의 과일 섭취량의 표본평균의 값이 $\overline{x_1}$일 때, 모평균 m에 대한 신뢰도 95%의 신뢰구간은

$\overline{x_1} - 1.96 \times \dfrac{\sigma}{\sqrt{49}} \leq m \leq \overline{x_1} + 1.96 \times \dfrac{\sigma}{\sqrt{49}}$에서

$\overline{x_1} - 0.28\sigma \leq m \leq \overline{x_1} + 0.28\sigma$

이 신뢰구간은 $78.03 \leq m \leq 83.63$과 같으므로

$\overline{x_1} - 0.28\sigma = 78.03$, $\overline{x_1} + 0.28\sigma = 83.63$

에서 $2 \times 0.28\sigma = 83.63 - 78.03$, $0.56\sigma = 5.6$

$\therefore \sigma = 10$

이 고등학교 학생 중 n명을 임의추출하여 구한 일주일 동안의 과일 섭취량의 표본평균의 값이 $\overline{x_2}$일 때, 모평균 m에 대한 신뢰도 99%의 신뢰구간은

$\overline{x_2} - 2.58 \times \dfrac{10}{\sqrt{n}} \leq m \leq \overline{x_2} + 2.58 \times \dfrac{10}{\sqrt{n}}$에서

$\overline{x_2} - \dfrac{25.8}{\sqrt{n}} \leq m \leq \overline{x_2} + \dfrac{25.8}{\sqrt{n}}$

이 신뢰구간은 $78.55 \leq m \leq 82.85$와 같으므로

$\overline{x_2} - \dfrac{25.8}{\sqrt{n}} = 78.55$, $\overline{x_2} + \dfrac{25.8}{\sqrt{n}} = 82.85$

에서 $2 \times \dfrac{25.8}{\sqrt{n}} = 82.85 - 78.55$, $\dfrac{51.6}{\sqrt{n}} = 4.3$,

$\sqrt{n} = 12$

$\therefore n = 144$

| 148 | 정답 27

공을 3번 꺼내어 꺼낸 공에 적혀 있는 수의 평균이 1보다 크고 2보다 작은 경우는 평균이 $\dfrac{4}{3}$ 또는 $\dfrac{5}{3}$인 경우이다.

(ⅰ) 평균이 $\dfrac{4}{3}$인 경우

1이 적힌 공을 2번, 2가 적힌 공을 1번 꺼내야 한다.
1, 1, 2 또는 1, 2, 1 또는 2, 1, 1의 순서로 공을 꺼낼 수 있으므로

평균이 $\dfrac{4}{3}$가 되는 확률은

$\dfrac{1}{6} \times \dfrac{1}{6} \times \dfrac{2}{6} + \dfrac{1}{6} \times \dfrac{2}{6} \times \dfrac{1}{6} + \dfrac{2}{6} \times \dfrac{1}{6} \times \dfrac{1}{6} = \dfrac{6}{216}$

(ⅱ) 평균이 $\dfrac{5}{3}$인 경우

1이 적힌 공을 2번, 3이 적힌 공을 1번 꺼내거나 1이 적힌 공을 1번, 2가 적힌 공을 2번 꺼내야 한다.
1, 1, 3 또는 1, 3, 1 또는 3, 1, 1의 순서로 공을 꺼내는 확률은

$\dfrac{1}{6} \times \dfrac{1}{6} \times \dfrac{3}{6} + \dfrac{1}{6} \times \dfrac{3}{6} \times \dfrac{1}{6} + \dfrac{3}{6} \times \dfrac{1}{6} \times \dfrac{1}{6} = \dfrac{9}{216}$

1, 2, 2 또는 2, 1, 2 또는 2, 2, 1의 순서로 공을 꺼낼 확률은

$\dfrac{1}{6} \times \dfrac{2}{6} \times \dfrac{2}{6} + \dfrac{2}{6} \times \dfrac{1}{6} \times \dfrac{2}{6} + \dfrac{2}{6} \times \dfrac{2}{6} \times \dfrac{1}{6} = \dfrac{12}{216}$

따라서 평균이 $\dfrac{5}{3}$ 가 되는 확률은

$$\dfrac{9}{216}+\dfrac{12}{216}=\dfrac{21}{216}$$

(i), (ii)에 의하여

$$P(1<\overline{X}<2)=P\left(\overline{X}=\dfrac{4}{3}\right)+P\left(\overline{X}=\dfrac{5}{3}\right)$$
$$=\dfrac{6}{216}+\dfrac{21}{216}=\dfrac{27}{216}$$

이므로 $k=27$ 이다.

| 149 | 정답 ⑤

크기가 2인 표본을 복원추출 할 때, 공에 적힌 수를 X_1, X_2라 하자. $\overline{X}=\dfrac{X_1+X_2}{2}$ 의 분포는 다음과 같다.

X_1＼X_2	2	4	6
2	2	3	4
4	3	4	5
6	4	5	6

또한, 확률변수 X의 확률분포를 표로 나타내면 다음과 같다.

X	2	4	6	계
$P(X=x)$	$\dfrac{1}{6}$	$\dfrac{1}{3}$	$\dfrac{1}{2}$	1

$$P(\overline{X}=2)=\dfrac{1}{6}\times\dfrac{1}{6}=\dfrac{1}{36}$$

$$P(\overline{X}=3)=\dfrac{1}{6}\times\dfrac{1}{3}\times2=\dfrac{1}{9}$$

$$P(\overline{X}=4)=\dfrac{1}{6}\times\dfrac{1}{2}\times2+\dfrac{1}{3}\times\dfrac{1}{3}=\dfrac{5}{18}$$

$$P(\overline{X}=5)=\dfrac{1}{3}\times\dfrac{1}{2}\times2=\dfrac{1}{3}$$

$$P(\overline{X}=6)=\dfrac{1}{2}\times\dfrac{1}{2}=\dfrac{1}{4}$$

따라서 확률변수 Y의 확률분포를 표로 나타내면 다음과 같다.

Y	2	4	8	계
$P(Y=y)$	$\dfrac{5}{36}$	$\dfrac{11}{18}$	$\dfrac{1}{4}$	1

$$\therefore E(Y)=2\times\dfrac{5}{36}+4\times\dfrac{11}{18}+8\times\dfrac{1}{4}=\dfrac{85}{18}$$

| 150 | 정답 ⑤

이 공장에서 생산된 비누의 무게는 정규분포 $N(100, 2^2)$을 따르므로 크기가 4인 표본의 표본평균

$\overline{X}$ 는 정규분포 $N\left(100,\left(\dfrac{2}{2}\right)^2\right)$을 따른다.

따라서 확률변수 $Z=\dfrac{\overline{X}-100}{1}$ 은 표준정규분포 $N(0, 1)$을 따르므로 생산된 비누 중 임의로 4개를 택하여 한 상자에 담을 때, 그 상자가 납품될 확률은

$$P(4\overline{X}\geq392)=P(\overline{X}\geq98)$$
$$=P\left(Z\geq\dfrac{98-100}{1}\right)$$
$$=P(Z\geq-2)$$
$$=0.5+P(0\leq Z\leq2)$$
$$=0.5+0.4772=0.9772$$

실전 + 수능
고쟁이

미니 모의고사
정답과 풀이

확률과 통계

1. ⑤	2. ③	3. ②	4. ②
5. 10	6. 176		

1. 경우의 수
정답 ⑤

문제 다시 보기

> 서로 다른 종류의 주스 5병과 같은 종류의 초콜릿 8개를 같은 종류의 봉투 3개에 남김없이 나누어 넣으려고 한다. 각 봉투에 주스가 2병 이하로 들어가도록 나누어 넣는 경우의 수는?
>
> ① 495　② 540　③ 585　④ 630　⑤ 675

각 봉투에 주스가 2병 이하로 들어가려면 '2병, 2병, 1병'씩 나누어 넣어야 하므로
서로 다른 종류의 주스를 나누어 넣는 경우의 수는
$_5C_2 \times _3C_2 \times _1C_1 \times \dfrac{1}{2!} = 15$이다.

주스를 나누어 넣은 3개의 봉투는 서로 구분이 되므로 같은 종류의 초콜릿 8개를 나누어 넣는 경우의 수는
$_3H_8 = _{3+8-1}C_8 = _{10}C_2 = 45$이다.
따라서 구하는 경우의 수는 $15 \times 45 = 675$

2. 통계
정답 ③

문제 다시 보기

> 서로 다른 2개의 주사위를 동시에 던져서 나온 눈의 수를 각각 a, b라 하고, 함수
>
> $$f(x) = x^3 - 6x^2 + 9x$$
>
> 에 대하여 $f(a) < f(b)$인 사건을 A라 하자. 이 2개의 주사위를 동시에 던지는 시행을 360번 반복하여 사건 A가 일어나는 횟수를 확률변수 X라 할 때, $E(X)$의 값은?
>
> ① 108　② 124　③ 140　④ 156　⑤ 172

$f(x) = x^3 - 6x^2 + 9x$에서
$f(1) = 4$, $f(2) = 2$, $f(3) = 0$, $f(4) = 4$, $f(5) = 20$, $f(6) = 54$이므로

각각의 a값에 대하여 $f(a) < f(b)$를 만족시키는 b의 값은 다음과 같다.

a	1	2	3	4	5	6
b	5, 6	1, 4, 5, 6	1, 2, 4, 5, 6	5, 6	6	

따라서 서로 다른 2개의 주사위를 동시에 던졌을 때 $f(a) < f(b)$를 만족시킬 확률은
$\dfrac{1}{6} \times \dfrac{2+4+5+2+1+0}{6} = \dfrac{7}{18}$이다.

따라서 확률변수 X는 이항분포 $B\left(360, \dfrac{7}{18}\right)$을 따르므로
$E(X) = 140$이다.

3. 확률
정답 ②

문제 다시 보기

> 숫자 1이 적힌 공 1개와 숫자 2가 적힌 공 2개, 숫자 3이 적힌 공 3개가 들어 있는 주머니가 있다. 이 주머니에서 임의로 한 개의 공을 꺼내는 시행을 4번할 때, 꺼낸 공에 적힌 수를 차례로 a, b, c, d라 하면 $a \le b \le c \le d$일 확률은?
>
> (단, 한 번 꺼낸 공은 다시 주머니에 넣지 않는다.)
>
>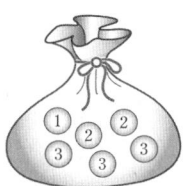
>
> ① $\dfrac{1}{15}$　② $\dfrac{2}{15}$　③ $\dfrac{1}{5}$　④ $\dfrac{4}{15}$　⑤ $\dfrac{1}{3}$

수학적 확률을 구하기 위하여 주머니에 들어 있는 공 6개를 모두 다른 것으로 취급하면 전체 경우의 수는
$_6P_4 = 6 \times 5 \times 4 \times 3 = 360$이다.

그 중에서 $a \le b \le c \le d$를 만족시키는 순서쌍 (a, b, c, d) 각각에 대하여 얻을 수 있는 경우의 수는 다음과 같이 3이 적힌 공의 개수에 따라 분류할 수 있다.

i) 3이 적힌 공이 3개인 경우
$a \le b \le c \le d$를 만족시키기 위해서는
$(a, b, c, d) = (a, 3, 3, 3)$이어야 하고
6개의 공을 모두 다른 것으로 취급하였으므로
a의 자리에 올 수 있는 공의 개수는 3,
3이 적힌 공을 나열하는 경우의 수 3!에서
3이 적힌 공이 3개인 경우의 수는 $3 \times 3! = 18$이다.

ii) 3이 적힌 공이 2개인 경우

$a \leq b \leq c \leq d$를 만족시키기 위해서는

$(a, b, c, d) = (a, b, 3, 3)$이어야 하고

6개의 공을 모두 다른 것으로 취급하였으므로

$(a, b) = (1, 2)$가 되도록 나열하는 경우의 수는

$1 \times 2 = 2$,

$(a, b) = (2, 2)$가 되도록 나열하는 경우의 수는 $2! = 2$,

3이 적힌 공을 나열하는 경우의 수 $_3\mathrm{P}_2 = 6$에서

3이 적힌 공이 2개인 경우의 수는 $(2+2) \times 6 = 24$이다.

iii) 3이 적힌 공이 1개인 경우

$a \leq b \leq c \leq d$를 만족시키기 위해서는

$(a, b, c, d) = (a, b, c, 3)$이어야 하고

6개의 공을 모두 다른 것으로 취급하였으므로

$(a, b, c) = (1, 2, 2)$가 되도록 나열하는 경우의 수는

$1 \times 2 \times 1 = 2$,

3이 적힌 공을 나열하는 경우의 수 $_3\mathrm{P}_1 = 3$에서

3이 적힌 공이 1개인 경우의 수는 $2 \times 3 = 6$이다.

따라서 구하는 확률은 $\dfrac{18 + 24 + 6}{360} = \dfrac{48}{360} = \dfrac{2}{15}$이다.

4. 통계

정답 ②

문제 다시 보기

한 개의 동전을 던지는 시행을 두 번 이상 반복하여 다음과 같은 규칙에 따라 점수를 얻는 게임을 하려고 한다.

(규칙1) 앞면이 나오면 2점을 획득하고 뒷면이 나오면 1점을 획득한다.
(규칙2) 같은 면이 연달아 나오면 1점을 추가로 획득한다.

점수의 총합이 처음으로 4점 이상이 되었을 때 동전을 던진 횟수를 확률변수 X라 하자. $\mathrm{V}(X)$의 값은?

① $\dfrac{1}{8}$ ② $\dfrac{3}{16}$ ③ $\dfrac{1}{4}$ ④ $\dfrac{5}{16}$ ⑤ $\dfrac{3}{8}$

동전을 한 번 던졌을 때 획득하는 최대 점수는 2점이므로 점수의 총합이 4점 이상이 되기 위해서는 적어도 두 번 이상 동전을 던져야 한다.

i) $X = 2$일 때

앞면이 두 번 연속해서 나오면 점수의 총합이 5점이 된다.

$\mathrm{P}(X = 2) = \dfrac{1}{4}$

ii) $X = 3$일 때

앞면, 뒷면, 앞면 순서로 나오면 점수의 총합이 5점이 된다.

앞면, 뒷면, 뒷면 순서로 나오면 점수의 총합이 5점이 된다.

뒷면이 세 번 연속해서 나오면 점수의 총합이 5점이 된다.

뒷면, 뒷면, 앞면 순서로 나오면 점수의 총합이 5점이 된다.

뒷면, 앞면, 뒷면 순서로 나오면 점수의 총합이 4점이 된다.

뒷면, 앞면, 앞면 순서로 나오면 점수의 총합이 6점이 된다.

$\mathrm{P}(X = 3) = \dfrac{6}{8} = \dfrac{3}{4}$

iii) $X \geq 4$일 때

i), ii)에서 $\mathrm{P}(X = 2) + \mathrm{P}(X = 3) = 1$이므로 $X \geq 4$인 경우는 존재하지 않는다.

i)~iii)에서 확률변수 X의 확률분포표는 다음과 같다.

X	2	3	합계
$\mathrm{P}(X = x)$	$\dfrac{1}{4}$	$\dfrac{3}{4}$	1

$\mathrm{E}(X) = 2 \times \dfrac{1}{4} + 3 \times \dfrac{3}{4} = \dfrac{11}{4}$,

$\mathrm{E}(X^2) = 4 \times \dfrac{1}{4} + 9 \times \dfrac{3}{4} = \dfrac{31}{4}$이므로

$\mathrm{V}(X) = \mathrm{E}(X^2) - \{\mathrm{E}(X)\}^2 = \dfrac{31}{4} - \dfrac{121}{16} = \dfrac{3}{16}$이다.

5. 확률

정답 10

문제 다시 보기

한 개의 주사위를 3번 던져서 나온 눈의 수를 순서대로 a, b, c라 하자. abc가 짝수일 때, a가 홀수일 확률이 $\dfrac{q}{p}$일 때, $p+q$의 값을 구하시오. (단, p와 q는 서로소인 자연수이다.)

한 개의 주사위를 3번 던져서 나온 눈이 모두 홀수일 확률은 $\left(\dfrac{1}{2}\right)^3 = \dfrac{1}{8}$이므로

abc가 짝수일 확률은 $1 - \dfrac{1}{8} = \dfrac{7}{8}$이다.

또한 a가 홀수일 확률은 $\dfrac{1}{2}$이고, bc가 짝수일 확률은

$1 - \left(\dfrac{1}{2}\right)^2 = \dfrac{3}{4}$이므로

a가 홀수이고 abc가 짝수일 확률은 $\dfrac{1}{2} \times \dfrac{3}{4} = \dfrac{3}{8}$이다.

따라서 구하는 확률은 $\dfrac{\dfrac{3}{8}}{\dfrac{7}{8}} = \dfrac{3}{7}$이므로 $p+q = 10$이다.

문제 다시 보기

그림과 같이 정사각형 모양으로 연결된 도로망이 있다. A는 도로망을 따라 P지점에서 출발하여 R지점까지 최단거리로 이동하고, B는 S지점에서 출발하여 Q지점까지 최단거리로 이동한다. 두 사람 A, B가 만나도록 최단거리로 이동하는 경우의 수를 구하시오. (단, A, B는 동시에 출발하고 같은 속력으로 이동한다고 가정한다.)

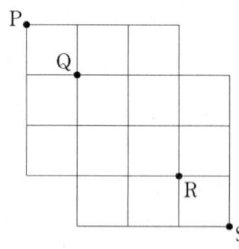

두 사람 A, B가 동시에 출발하고 같은 속력으로 이동하므로
두 사람 A, B가 각각 두 점 P, S에서 출발하여 최단거리로 이동할 때
그림과 같이 세 지점 X, Y, Z 중 한 지점에서 만나야 한다.

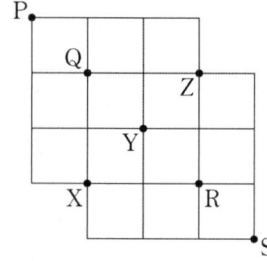

ⅰ) X지점에서 만날 때,

A가 P → X → R로 이동하는 경우의 수는 $\dfrac{4!}{3!} \times 1 = 4$,

B가 S → X → Q로 이동하는 경우의 수는
$\dfrac{4!}{3!} \times 1 = 4$이다.

따라서 X지점에서 만나는 경우의 수는 $4 \times 4 = 16$이다.

ⅱ) Y지점에서 만날 때,

A가 P → Y → R로 이동하는 경우의 수는
$\dfrac{4!}{2! \times 2!} \times 2 = 12$,

B가 S → Y → Q로 이동하는 경우의 수는
$\dfrac{4!}{2! \times 2!} \times 2 = 12$이다.

따라서 Y지점에서 만나는 경우의 수는
$12 \times 12 = 144$이다.

ⅲ) Z지점에서 만날 때,

ⅰ)과 마찬가지 방법으로 Z지점에서 만나는 경우의 수는
$4 \times 4 = 16$이다.

ⅰ), ⅱ), ⅲ)에 의하여 구하는 경우의 수는
$16 + 144 + 16 = 176$이다.

1. ③	2. ②	3. ④	4. ③
5. 32	6. 17		

1. 경우의 수　　　　　　　　　　　정답 ③

문제 다시 보기

세 명의 학생 A, B, C에게 같은 종류의 초콜릿 10개를 남김없이 나누어 줄 때, 초콜릿을 7개 이상 받은 학생이 존재하지 않는 경우의 수는?

(단, 1개도 받지 못하는 학생이 있을 수 있다.)

① 24　② 30　③ 36　④ 42　⑤ 48

학생 A, B, C가 받은 초콜릿의 개수를 각각 a, b, c라 하자.
세 명의 학생에게 초콜릿 10개를 나누어 주는 경우의 수는 방정식 $a+b+c=10$의 음이 아닌 정수해의 개수와 같으므로

$$_3H_{10}=\,_{12}C_{10}=\frac{12\times11}{2}=66$$

학생 A가 초콜릿을 7개 이상 받은 경우 $a\geq7$이므로
$a=a'+7$ (단, a'은 음이 아닌 정수)라 하면
나누어 주는 경우의 수는 방정식 $a'+b+c=3$의 음이 아닌 정수해의 개수와 같으므로

$$_3H_3=\,_5C_3=10$$

학생 B, C가 초콜릿을 7개 이상 받은 경우의 수도 이와 같으므로
초콜릿을 7개 이상 받은 학생이 존재하지 않는 경우의 수는
$66-3\times10=36$

2. 확률　　　　　　　　　　　정답 ②

문제 다시 보기

주머니 속에 흰 구슬 3개와 검은 구슬 n개가 들어 있다.
이 주머니에서 임의로 2개의 구슬을 동시에 꺼낼 때, 흰 구슬 1개와 검은 구슬 1개가 나올 확률은 $\frac{4}{7}$이다. 자연수 n의 값은?

① 3　② 4　③ 5　④ 6　⑤ 7

주머니 속에는 총 $n+3$개의 구슬이 들어 있으므로 각각의 구슬을 서로 다른 것으로 보면 $n+3$개의 구슬 중 2개를 선택하는 경우의 수는 $_{n+3}C_2$이다.
또한 선택한 2개의 구슬이 흰 구슬 1개와 검은 구슬 1개인 경우의 수는 $_3C_1\times\,_nC_1$이므로
주머니에서 임의로 꺼낸 2개의 구슬이 흰 구슬 1개와 검은 구슬 1개일 확률은

$$\frac{_3C_1\times\,_nC_1}{_{n+3}C_2}=\frac{6n}{(n+3)(n+2)}$$이다.

$\frac{6n}{(n+3)(n+2)}=\frac{4}{7}$에서
$4(n+3)(n+2)=42n$, $4n^2+20n+24=42n$,
$4n^2-22n+24=0$, $2n^2-11n+12=0$
$(n-4)(2n-3)=0$
$\therefore\ n=4$ ($\because n$은 자연수)

3. 통계　　　　　　　　　　　정답 ④

문제 다시 보기

이항분포 $B\left(9,\frac{1}{3}\right)$을 따르는 확률변수 X에 대하여 확률변수 Y는 9 이하의 음이 아닌 정수를 값으로 갖고 두 상수 a, b에 대하여

$$P(Y=9-k)=aP(X=k)+b\ (k=0,\,1,\,2,\,\cdots,\,9)$$

가 성립한다. $E(Y)=9$일 때, $a+b$의 값은?

① $\frac{8}{5}$　② 2　③ $\frac{12}{5}$　④ $\frac{14}{5}$　⑤ $\frac{16}{5}$

$\sum_{k=0}^{9}P(X=k)=1$, $\sum_{k=0}^{9}P(Y=9-k)=1$이므로

$$\sum_{k=0}^{9}P(Y=9-k)=\sum_{k=0}^{9}\{aP(X=k)+b\}$$
$$=a\sum_{k=0}^{9}P(X=k)+\sum_{k=0}^{9}b$$
$$=a+10b=1\qquad\cdots\cdots\ \ominus$$

한편, 확률변수 X가 이항분포 $B\left(9,\frac{1}{3}\right)$을 따르므로
$$E(X)=9\times\frac{1}{3}=3$$

이때 주어진 조건에서 $E(Y)=9$이므로

$$\sum_{k=0}^{9}(9-k)P(Y=9-k)$$

$$=\sum_{k=0}^{9}(9-k)\{aP(X=k)+b\}$$

$$=\sum_{k=0}^{9}9\{aP(X=k)+b\}-\sum_{k=0}^{9}k\{aP(X=k)+b\}$$

$$=9\sum_{k=0}^{9}P(Y=9-k)-a\sum_{k=0}^{9}kP(X=k)-b\sum_{k=0}^{9}k$$

$$=9-aE(X)-b\sum_{k=0}^{9}k$$

$$=9-3a-45b=9$$

$$\therefore\ a=-15b$$

이를 ㉠에 대입하면

$-15b+10b=1,\ -5b=1$

$$\therefore\ b=-\frac{1}{5},\ a=3$$

$$\therefore\ a+b=\frac{14}{5}$$

4. 경우의 수

정답 ③

문제 다시 보기

두 집합 $X=\{1,\,2,\,3,\,4,\,5,\,6,\,7,\,8\}$, $Y=\{2,\,3,\,4,\,5\}$에 대하여 다음 조건을 만족시키는 함수 $f:X\to Y$의 개수는?

(가) $x_1<x_2$이면 $f(x_1)\le f(x_2)$이다.
(나) 함수 f의 치역의 원소 개수는 3이다.
(다) $f(1)+f(2)\ne f(6)$

① 60   ② 63   ③ 66   ④ 69   ⑤ 72

먼저 두 조건 (가), (나)를 만족시키는 함수 f의 개수를 구하자.

집합 Y의 부분집합 중에서 원소의 개수가 3인 부분집합의 개수는 $_4C_3=4$

또한 서로 다른 세 수 a_1, a_2, a_3에 대하여 함수 f의 치역이 $\{a_1,\,a_2,\,a_3\}$인 경우는 a_1, a_2, a_3에서 중복을 허락하여 8개를 택하되, a_1, a_2, a_3을 각각 적어도 한 개씩 택한 다음 크지 않은 값부터 순서대로 정의역의 원소에 대응시키는 경우와 같으므로 그 경우의 수는 $_3H_{8-3}=_7C_5=21$이다.

따라서 두 조건 (가), (나)를 만족시키는 함수 f의 개수는

$4\times21=84$이다.　　　　　　　　……㉠

이때 두 조건 (가), (나)와 $f(1)+f(2)=f(6)$을 만족시키는 함수 f의 개수를 ㉠에서 빼주면 주어진 조건을 모두 만족시키는 함수 f의 개수를 구할 수 있다.

i) $f(1)=f(2)=2$인 경우

$f(1)+f(2)=f(6)$이기 위해서는 $f(6)=4$이어야 한다.

❶ $f(k)=3$을 만족시키는 8 이하의 자연수 k가 존재할 때

두 조건 (가), (나)를 만족시키기 위해서는 k는 3 또는 4 또는 5이어야 하고 $f(7)=f(8)=4$이어야 한다.

따라서 $f(3)$, $f(4)$, $f(5)$의 값을 정하는 경우의 수는 2, 3, 4에서 중복을 허락하여 3개를 택하되, 3은 적어도 한 개를 택하는 경우의 수인 $_3H_2=_4C_2=6$이다.

❷ $f(k)=5$를 만족시키는 8 이하의 자연수 k가 존재할 때

두 조건 (가), (나)를 만족시키기 위해서는 k는 7 또는 8이어야 하고 $f(3)$, $f(4)$, $f(5)$의 값은 2 또는 4이어야 한다.

먼저 $f(3)$, $f(4)$, $f(5)$의 값을 정하는 경우의 수는 2, 4에서 중복을 허락하여 3개를 택하는 경우의 수인 $_2H_3=_4C_3=4$이고 $f(7)$, $f(8)$의 값을 정하는 경우의 수는 4, 5에서 중복을 허락하여 2개를 택하되, 5는 적어도 한 개를 택하는 경우의 수인 $_2H_1=2$이다.

따라서 ❷의 경우의 수는 $4\times2=8$이다.

ii) $f(1)=2$, $f(2)=3$인 경우

$f(1)+f(2)=f(6)$이기 위해서는 $f(6)=5$이어야 한다. 두 조건 (가), (나)를 만족시키기 위해서는 $f(3)$, $f(4)$, $f(5)$의 값은 3 또는 5이어야 하고 $f(7)=f(8)=5$이어야 한다.

따라서 ii)의 경우의 수는 $_2H_3=_4C_3=4$이다.

i), ii)에서 구하는 함수 f의 개수는

$84-6-8-4=66$이다.

어느 공장에서 배출되는 오염물질의 농도는 평균이 2.5, 표준편차가 σ인 정규분포를 따른다고 한다. 이 공장에서 배출되는 오염물질의 농도 X가

$$P(X \geq 3) = \frac{8}{9} P(a \leq X \leq 3) = 0.16$$

을 만족시킬 때, $10(a+\sigma)$의 값을 오른쪽 표준정규분포표를 이용하여 구하시오. (단, a는 상수이고, 농도의 단위는 ppm이다.)

z	$P(0 \leq Z \leq z)$
0.4	0.16
0.6	0.23
0.8	0.29
1.0	0.34

확률변수 X가 정규분포 $N(2.5, \sigma^2)$을 따르므로

$$P(X \geq 3) = P\left(Z \geq \frac{3-2.5}{\sigma}\right)$$
$$= 0.5 - P\left(0 \leq Z \leq \frac{0.5}{\sigma}\right)$$
$$= 0.16$$

에서 $P\left(0 \leq Z \leq \dfrac{0.5}{\sigma}\right) = 0.34$이므로

$$\frac{0.5}{\sigma} = 1, \ \sigma = 0.5$$

또한

$$\frac{8}{9}P(a \leq X \leq 3) = \frac{8}{9}P\left(\frac{a-2.5}{0.5} \leq Z \leq \frac{3-2.5}{0.5}\right)$$
$$= \frac{8}{9}P(2a-5 \leq Z \leq 1)$$
$$= 0.16$$

에서
$$P(2a-5 \leq Z \leq 1) = 0.18$$
이때, $P(0 \leq Z \leq 1) = 0.34$이므로
$$P(0 \leq Z \leq 2a-5) = 0.16$$
에서
$$2a-5 = 0.4, \ 2a = 5.4$$
$$\therefore a = 2.7$$
$$\therefore 10(a+\sigma) = 10 \times (2.7+0.5) = 32$$

집합 $A = \{1, 2, 3\}$에서 A로의 임의의 두 함수 f, g가 $k \in A$인 모든 k에 대하여 $g(f(k)) \neq k$를 만족시킬 때, 함수 f의 치역이 집합 A와 같을 확률은 $\dfrac{q}{p}$이다. $p+q$의 값을 구하시오. (단, p와 q는 서로소인 자연수이다.)

$k \in A$인 모든 k에 대하여 $g(f(k)) \neq k$를 만족시키는 두 함수 $f(x)$, $g(x)$를 정하는 경우의 수를 구해보자.

ⅰ) 함수 f의 치역의 원소의 개수가 1인 경우

함수 f의 치역을 $\{a\}$라 하면
$f(1) = f(2) = f(3) = a$이고
$g(a) \in A$이므로 $g(a) = 1$ 또는 $g(a) = 2$ 또는 $g(a) = 3$인데
$g(f(k)) \neq k \, (k = 1, 2, 3)$이므로 이는 모순이다.
따라서 함수 f의 치역의 원소의 개수가 1인 경우는 없다.

ⅱ) 함수 f의 치역의 원소의 개수가 2인 경우

함수 f의 치역을 $\{a, b\}$라 하자.
가능한 치역 $\{a, b\}$를 고르는 경우의 수는 $_3C_2$
치역의 원소 a, b 중에서 정의역의 2개의 원소와 대응되는 원소를 고르는 경우의 수는 2
함수 f의 정의역 A의 원소 중 함숫값이 같은 2개의 원소를 고르는 경우의 수는 $_3C_2$
$g(f(k)) \neq k \, (k = 1, 2, 3)$를 만족하도록 하는 함수 g의 개수는 $1 \times 2 \times 3 = 6$
따라서 함수 f의 치역의 원소의 개수가 2인 경우의 수는
$_3C_2 \times 2 \times _3C_2 \times 6 = 108$

ⅲ) 함수 f의 치역이 집합 A와 같은 경우

함수 f의 개수는 $3! = 6$
$g(f(k)) \neq k \, (k = 1, 2, 3)$를 만족하도록 하는 함수 g의 개수는 $2^3 = 8$
따라서 함수 f의 치역이 집합 A와 같은 경우의 수는
$3! \times 2^3 = 48$

따라서 $g(f(k)) \neq k \, (k = 1, 2, 3)$일 때 함수 f의 치역이 집합 A와 같을 확률은

$$\frac{48}{0+108+48} = \frac{48}{156} = \frac{4}{13}$$

$$\therefore p+q = 13+4 = 17$$

1. ③	2. ⑤	3. ②	4. ②
5. 793	6. 72		

1. 통계

정답 ③

문제 다시 보기

어느 학교 학생들의 하루 음악 감상 시간은 평균이 m분, 표준편차가 20분인 정규분포를 따른다고 한다. 이 학교 학생들을 대상으로 100명을 임의추출하여 조사한 음악 감상 시간의 표본평균이 60분 이상일 확률이 0.0228일 때, m의 값을 오른쪽 표준정규분포표를 이용하여 구한 값은?

z	$P(0 \leq Z \leq z)$
0.5	0.1915
1.0	0.3413
1.5	0.4332
2.0	0.4772

① 60 ② 63 ③ 66 ④ 69 ⑤ 72

학생들의 하루 음악 감상 시간(분)을 확률변수 X라 하면 X는 정규분포 $N(m, 20^2)$을 따른다.

크기가 100인 표본의 표본평균 $\overline{X}$에 대하여

$E(\overline{X}) = m$, $V(\overline{X}) = \dfrac{20^2}{100} = 2^2$이므로

$\overline{X}$는 정규분포 $N(m, 2^2)$을 따른다.

표본평균이 60 이상일 확률이 0.0228이므로

$$P(\overline{X} \geq 60) = P\left(Z \geq \frac{60-m}{2}\right)$$
$$= 0.5 - P\left(0 \leq Z \leq \frac{60-m}{2}\right)$$
$$= 0.0228$$

에서 $P\left(0 \leq Z \leq \dfrac{60-m}{2}\right) = 0.5 - 0.0228 = 0.4772$이고

표준정규분포표에서 $P(0 \leq Z \leq 2) = 0.4772$이므로

$$\frac{60-m}{2} = 2$$

$$\therefore m = 56$$

2. 경우의 수

정답 ⑤

문제 다시 보기

집합 $X = \{0, 1, 2, 3\}$에서 X로의 함수 f 중에서 다음 조건을 만족시키는 함수의 개수는?

(가) $f(0) = 0$
(나) 함수 f의 치역의 모든 원소의 합은 5 이하이다.

① 50 ② 52 ③ 54 ④ 56 ⑤ 58

조건 (가)를 만족시키는 함수의 개수는
집합 $\{1, 2, 3\}$에서 집합 $\{0, 1, 2, 3\}$으로의 함수의 개수
$_4\Pi_3 = 64$와 같다.

이때 조건 (나)를 만족시키지 않는 함수,
즉 치역이 $\{0, 1, 2, 3\}$인 함수의 개수 $3! = 6$을 제외해주어야
한다.
따라서 구하는 함수의 개수는 $64 - 6 = 58$이다.

3. 확률

정답 ②

문제 다시 보기

한 개의 주사위를 세 번 던져서 나오는 눈의 수를 차례로 a, b, c라 하자. $a \geq b$일 때, $a > c$일 확률은?

① $\dfrac{11}{18}$ ② $\dfrac{5}{9}$ ③ $\dfrac{1}{2}$ ④ $\dfrac{4}{9}$ ⑤ $\dfrac{7}{18}$

한 개의 주사위를 세 번 던지는 전체 경우의 수는 6^3이다.
$a \geq b$일 사건을 A, $a > c$일 사건을 B라 하자.
6 이하의 자연수 a, b, c에 대하여

i) $a \geq b$인 순서쌍 (a, b, c)의 개수
a, b는 6 이하의 자연수 중 중복을 허락하여 2개를
선택하면 되고,
c는 6 이하의 자연수 중 1개를 선택하면 되므로
$_6H_2 \times 6 = {_7}C_2 \times 6 = 21 \times 6 = 126$

ii) $a \geq b$이고 $a > c$인 순서쌍 (a, b, c)의 개수
$a = b > c$ 또는 $a > b = c$일 때
$_6C_2 \times 2 = 15 \times 2 = 30$이고

$a > b > c$ 또는 $a > c > b$일 때

$_6C_3 \times 2 = 20 \times 2 = 40$이므로

$30 + 40 = 70$

$$\therefore \ P(B|A) = \frac{P(A \cap B)}{P(A)} = \frac{\dfrac{70}{6^3}}{\dfrac{126}{6^3}} = \frac{5}{9}$$

4. 통계

정답 ②

문제 다시 보기

수직선의 원점에 점 P가 있다. 한 개의 동전을 한 번 던지는 시행을 반복하여 각 시행에서 나온 결과에 대하여 다음 규칙에 따라 점 P를 이동시킨다.

> (가) 첫 번째 시행에서 앞면이 나오면 점 P를 양의 방향으로 1만큼 이동시키고, 뒷면이 나오면 이동시키지 않는다.
>
> (나) $k\,(k \geq 2)$번째 시행에서 나온 결과가 $k-1$번째 시행에서 나온 결과와 같으면 점 P를 양의 방향으로 1만큼 이동시키고, 다르면 이동시키지 않는다.

예를 들어 동전을 6번 던져 '앞면, 뒷면, 앞면, 앞면, 뒷면, 뒷면'이 나오면 점 P의 좌표는 $1+0+0+1+0+1=3$이다. 한 개의 동전을 16번 던진 뒤 점 P의 좌표를 확률변수 X라 할 때, $E(X^2)$의 값은?

① 66   ② 68   ③ 70   ④ 72   ⑤ 74

매 시행마다 점 P가 양의 방향으로 1만큼 이동할 확률이 $\dfrac{1}{2}$이다.

그러므로 확률변수 X는 이항분포 $B\left(16, \dfrac{1}{2}\right)$을 따른다.

$E(X) = 16 \times \dfrac{1}{2} = 8$

$V(X) = 16 \times \dfrac{1}{2} \times \left(1 - \dfrac{1}{2}\right) = 4$

따라서 $E(X^2) = V(X) + \{E(X)\}^2 = 4 + 8^2 = 68$

5. 확률

정답 793

문제 다시 보기

한 개의 주사위를 6번 던질 때 6의 약수의 눈이 나오는 횟수를 a라 하고 9의 약수의 눈이 나오는 횟수를 b라 할 때, $a = b$일 확률은 $\dfrac{q}{p}$이다. $p+q$의 값을 구하시오.

(단, p와 q는 서로소인 자연수이다.)

6 이하의 6의 약수는 1, 2, 3, 6이고

6 이하의 9의 약수는 1, 3이다.

따라서 $a = b$일 확률은

한 개의 주사위를 6번 던질 때 2 또는 6의 눈이 나오는 횟수가 0일 확률과 같다.

한 개의 주사위를 한 번 던질 때

2 또는 6의 눈이 나올 확률은 $\dfrac{2}{6} = \dfrac{1}{3}$이고,

2, 6이 아닌 눈이 나올 확률은 $1 - \dfrac{1}{3} = \dfrac{2}{3}$이므로

$a = b$일 확률은 $_6C_0 \left(\dfrac{1}{3}\right)^0 \left(\dfrac{2}{3}\right)^6 = \dfrac{64}{729}$이다.

$\therefore \ p + q = 729 + 64 = 793$

6. 경우의 수

정답 72

문제 다시 보기

그림과 같이 정육각형 1개와 모두 합동인 정사각형 6개로 이루어진 도형이 있다. 1부터 6까지의 모든 자연수를 6개의 정사각형에 하나씩 적으려고 한다. 마주보는 두 정사각형에 적힌 두 수의 합이 짝수인 두 정사각형이 존재하도록 자연수를 적는 경우의 수를 구하시오.

(단, 회전하여 일치하는 것은 같은 것으로 본다.)

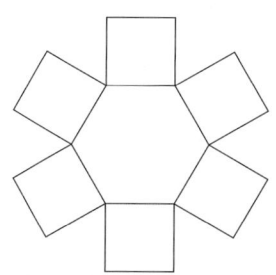

1부터 6까지의 자연수를 정사각형에 하나씩 써넣는 모든 경우의 수는 $(6-1)!$

정사각형에 1을 먼저 적고 1이 적힌 정사각형과 마주보는 정사각형에 적을 짝수를 결정하는 경우의 수는 3가지

3을 적는 정사각형을 선택하는 경우의 수는 4가지

3이 적힌 정사각형과 마주보는 정사각형에 적을 짝수를 결정하는 경우의 수는 2가지

남은 두 개의 자연수를 적을 정사각형을 선택하는 경우의 수는 2가지

따라서 마주보는 두 정사각형에 적힌 두 수의 합이 모두 홀수인 경우의 수는

$3 \times 4 \times 2 \times 2$

따라서 구하는 경우의 수는

$5! - 3 \times 4 \times 2 \times 2 = 72$

1. ③	2. ②	3. ④	4. ③
5. 420	6. 17		

1. 통계

정답 ③

문제 다시 보기

한 개의 동전을 100번 던져서 앞면이 나오는 횟수를 확률변수 X라 하자. $P(X \geq a) = 0.8413$을 만족시키는 실수 a의 값을 오른쪽 표준정규분포표를 이용하여 구한 것은?

z	$P(0 \leq Z \leq z)$
0.5	0.1915
1.0	0.3413
1.5	0.4332
2.0	0.4772

① 35　　② 40　　③ 45　　④ 50　　⑤ 55

확률변수 X는 이항분포 $B\left(100, \dfrac{1}{2}\right)$을 따르므로

$E(X) = 100 \times \dfrac{1}{2} = 50$, $V(X) = 100 \times \dfrac{1}{2} \times \dfrac{1}{2} = 25$

이때 시행횟수 100이 충분히 크므로 확률변수 X는 근사적으로 정규분포 $N(50, 5^2)$을 따른다.

$P(X \geq a) = P\left(Z \geq \dfrac{a-50}{5}\right) = 0.8413$

이고 주어진 표준정규분포표에서

$P(0 \leq Z \leq 1) = 0.3413$이므로

$P(Z \geq -1) = P(Z \leq 1) = 0.5 + 0.3413 = 0.8413$

따라서 $\dfrac{a-50}{5} = -1$이므로

$a = -5 + 50 = 45$

2. 확률

정답 ②

문제 다시 보기

한 개의 주사위를 5번 던져서 3의 배수의 눈이 나오는 횟수를 a, 3의 배수가 아닌 눈이 나오는 횟수를 b라 할 때, $ab > 5$일 확률은?

① $\dfrac{119}{243}$　② $\dfrac{40}{81}$　③ $\dfrac{121}{243}$　④ $\dfrac{122}{243}$　⑤ $\dfrac{41}{81}$

한 개의 주사위를 5번 던졌으므로 $a+b=5$이고,
$ab > 5$를 만족시키는 $0 \leq a \leq 5$, $0 \leq b \leq 5$인 두 음이 아닌 정수 a, b의 순서쌍 (a, b)는 $(2, 3)$과 $(3, 2)$이다.

이때 한 개의 주사위를 던졌을 때 3의 배수의 눈이 나오는 확률은 $\dfrac{1}{3}$이다.

i) $a = 2$, $b = 3$일 확률

$_5C_2\left(\dfrac{1}{3}\right)^2\left(\dfrac{2}{3}\right)^3 = \dfrac{80}{243}$

ii) $a = 3$, $b = 2$일 확률

$_5C_3\left(\dfrac{1}{3}\right)^3\left(\dfrac{2}{3}\right)^2 = \dfrac{40}{243}$

i), ii)에 의하여 구하는 확률은

$\dfrac{80}{243} + \dfrac{40}{243} = \dfrac{40}{81}$

이다.

3. 경우의 수

정답 ④

문제 다시 보기

다음 조건을 만족시키는 집합 $X = \{1, 2, 3, 4, 5\}$에서 X로의 함수 f의 개수는?

(가) $f(1) \leq f(3) \leq f(5)$
(나) $(a+1) \times f(a)$의 값이 홀수인 $a\,(a \in X)$가 존재한다.

① 720　② 725　③ 730　④ 735　⑤ 740

조건 (가)에서 $f(1)$, $f(3)$, $f(5)$의 대소 관계가 정해져있으므로
조건 (가)를 만족시키는 함수 f의 개수는 $_5H_3 \times _5\Pi_2$
이 중 $(a+1) \times f(a)$의 값이 모두 짝수가 되는 함수의 개수를 제외하면
두 조건 (가), (나)를 모두 만족시키는 함수의 개수를 구할 수 있다.
$a\,(a \in X)$가 홀수일 때
$(a+1) \times f(a)$의 값은 항상 짝수이며
$a\,(a \in X)$가 짝수일 때
$(a+1) \times f(a)$의 값이 짝수이려면 $f(a)$의 값이 짝수이어야 하므로
$(a+1) \times f(a)$의 값이 모두 짝수가 되는 함수의 개수는
$_5H_3 \times _2\Pi_2$이다.
따라서 구하는 함수 f의 개수는
$_5H_3 \times (_5\Pi_2 - _2\Pi_2) = _7C_3 \times (5^2 - 2^2)$
$$= 35 \times 21 = 735$$

4. 통계

문제 다시 보기

두 자연수 m, σ에 대하여 정규분포 $N(m, \sigma^2)$을 따르는 모집단이 있다. 이 모집단에서 크기가 4인 표본을 임의추출하여 구한 표본평균 $\overline{X}$가

$$P(11 \leq \overline{X} \leq 15) \leq P(13 \leq \overline{X} \leq 17)$$

을 만족시키고
$P(12 \leq \overline{X} \leq 16) = 0.6247$일 때,
오른쪽 표준정규분포표를
이용하여 구한 m, σ의 합
$m+\sigma$의 값은?

z	$P(0 \leq Z \leq z)$
0.5	0.1915
0.8	0.2881
1.0	0.3413
1.5	0.4332
1.7	0.4554

① 17   ② 18   ③ 19   ④ 20   ⑤ 21

$\overline{X}$는 정규분포 $N\left(m, \dfrac{\sigma^2}{4}\right)$을 따르므로

확률변수 $\overline{X}$의 확률밀도함수를 $f(x)$라 하면
함수 $y=f(x)$의 그래프는 직선 $x=m$에 대하여 대칭이다.
따라서 $P(11 \leq \overline{X} \leq 15) \leq P(13 \leq \overline{X} \leq 17)$를
만족시키기 위해서는
$P(11 \leq \overline{X} \leq 13) \leq P(15 \leq \overline{X} \leq 17)$에서 $m \geq 14$이어야
한다.
한편, $P(12 \leq \overline{X} \leq 16) = 0.6247$
즉, $P(12 \leq \overline{X} \leq 16)$의 값은 0.5보다 크므로
$m < 16$이어야 한다.
따라서 $14 \leq m < 16$이고, m은 자연수이므로
$m=14$일 때와 $m=15$일 때를 생각하자.
ⅰ) $m=14$일 때

$$P(12 \leq \overline{X} \leq 16) = 2 \times P(14 \leq \overline{X} \leq 16)$$
$$= 2 \times P\left(\frac{14-14}{\frac{\sigma}{2}} \leq Z \leq \frac{16-14}{\frac{\sigma}{2}}\right)$$
$$= 2 \times P\left(0 \leq Z \leq \frac{4}{\sigma}\right)$$

따라서 $P\left(0 \leq Z \leq \dfrac{4}{\sigma}\right) = 0.31235$이다.

한편, σ의 값이 커질수록 $P\left(0 \leq Z \leq \dfrac{4}{\sigma}\right)$의 값은

작아지므로

주어진 표에서 $0.8 < \dfrac{4}{\sigma} < 1$이다.

이때 $0.8 = \dfrac{4}{5}$, $1 = \dfrac{4}{4}$이므로 주어진 조건을 만족시키는

자연수 σ의 값은 존재하지 않는다.
ⅱ) $m=15$일 때
　ⅰ)과 마찬가지로 생각하면
　$P(12 \leq \overline{X} \leq 16)$
　$= P(12 \leq \overline{X} \leq 15) + P(15 \leq \overline{X} \leq 16)$
　$= P(15 \leq \overline{X} \leq 18) + P(15 \leq \overline{X} \leq 16)$

$$= P\left(0 \leq Z \leq \frac{6}{\sigma}\right) + P\left(0 \leq Z \leq \frac{2}{\sigma}\right)$$

이때 $\sigma=1$이면
$P(0 \leq Z \leq 1.5) < P(0 \leq Z \leq 2) < P(0 \leq Z \leq 6)$
에서 주어진 조건을 만족시킬 수 없고,
$\sigma=2$이면
$P(0 \leq Z \leq 3) > P(0 \leq Z \leq 1) = 0.3413$
이므로 주어진 조건을 만족시킬 수 없다.
또한 $\sigma=3$이면

$$P(0 \leq Z \leq 0.5) < P\left(0 \leq Z \leq \frac{2}{3}\right),$$

$P(0 \leq Z \leq 1.5) < P(0 \leq Z \leq 2)$
이므로 주어진 조건을 만족시킬 수 없고,
$\sigma=4$이면
$P(0 \leq Z \leq 0.5) = 0.1915$,
$P(0 \leq Z \leq 1.5) = 0.4332$
에서 $P(12 \leq \overline{X} \leq 16) = 0.6247$, 즉 주어진 조건을
만족시킨다.
$\sigma \geq 5$이면

$$P\left(0 \leq Z \leq \frac{6}{\sigma}\right) < P(0 \leq Z \leq 1.5),$$

$$P\left(0 \leq Z \leq \frac{2}{\sigma}\right) < P(0 \leq Z \leq 0.5)$$

이므로 주어진 조건을 만족시킬 수 없다.
ⅰ), ⅱ)에서 $m=15$, $\sigma=4$이므로 $m+\sigma=19$이다.

문제 다시 보기

숫자 1, 2, 3, 4가 하나씩 적혀 있는 4개의 흰 상자와 숫자 1, 2, 3, 4가 하나씩 적혀 있는 4개의 검은 상자가 있다. 이 8개의 상자를 다음 조건을 만족시키도록 일렬로 쌓아 올리는 경우의 수를 구하시오.

> (가) 검은 상자는 작은 수가 적힌 상자부터 크기 순서로 쌓아 올린다.
> (나) 1이 적힌 흰 상자와 1이 적힌 검은 상자는 서로 이웃한다.

검은 상자를 ■, 흰 상자를 □라 나타내자.
조건 (가)에 의하여
검은 상자를 쌓는 순서가 정해져있으므로 검은 상자 4개를 모두 같은 것으로 보고
조건 (나)를 만족시키도록 상자를 쌓는 경우의 수는
■, ■, ■, ■, ②, ③, ④를 일렬로 쌓아 올린 뒤 가장
아래에 있는 검은 상자의 바로 아래 또는 위에 ①을 끼워 넣는 경우의 수와 같다.
따라서 구하는 경우의 수는 $\dfrac{7!}{4!} \times 2 = 420$이다.

참고

예를 들어 그림과 같이
■, ■, ■, ■, ②, ③, ④를 쌓아 올렸을 때
아래에 놓인 검은 상자부터 차례로 1, 2, 3, 4가 적힌
상자라 하고,
1이 적힌 흰 상자를 1이 적힌 검은 상자의 바로 아래 또는
위에 끼워 넣으면
조건 (가), (나)를 모두 만족시킨다.

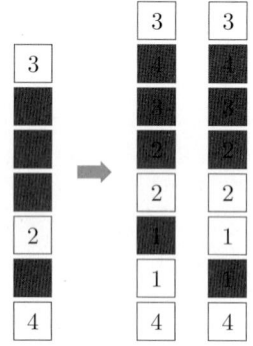

문제 다시 보기

주머니 A에는 검은 공 2개가 들어 있고, 주머니 B에는 검은 공 2개와 흰 공 2개가 들어 있다. 주머니 B에서 임의로 2개의 공을 꺼내어 꺼낸 공의 색이 같으면 꺼낸 공을 주머니 B에 넣고 색이 다르면 꺼낸 공을 주머니 A에 넣은 후, 두 주머니 A, B에서 각각 임의로 한 개의 공을 꺼낼 때 꺼낸 공이 모두 검은 공일 확률이 $\dfrac{q}{p}$일 때, $p+q$의 값을 구하시오.

(단, p와 q는 서로소인 자연수이다.)

ⅰ) 처음 꺼낸 공의 색이 같을 때
　주머니 B에서 흰 공 2개 또는 검은 공 2개를 뽑을 확률은
　$\dfrac{{}_2C_2 + {}_2C_2}{{}_4C_2} = \dfrac{1}{3}$이고,
　꺼낸 두 공을 주머니 B에 넣으면
　주머니 A에는 검은 공 2개가 들어 있고
　주머니 B에는 검은 공 2개, 흰 공 2개가 들어 있으므로
　두 주머니 A, B에서 각각 임의로 1개의 공을 꺼낼 때
　꺼낸 공이 모두 검은 공일 확률은
　$\dfrac{{}_2C_1}{{}_2C_1} \times \dfrac{{}_2C_1}{{}_4C_1} = \dfrac{1}{2}$이다.
　$\Rightarrow \dfrac{1}{3} \times \dfrac{1}{2} = \dfrac{1}{6}$

ⅱ) 처음 꺼낸 공의 색이 다를 때
　주머니 B에서 흰 공 1개와 검은 공 1개를 뽑을 확률은
　$\dfrac{{}_2C_1 \times {}_2C_1}{{}_4C_2} = \dfrac{2}{3}$이고,
　꺼낸 두 공을 주머니 A에 넣으면
　주머니 A에는 검은 공 3개, 흰 공 1개가 들어 있고
　주머니 B에는 검은 공 1개, 흰 공 1개가 들어 있으므로
　두 주머니 A, B에서 각각 임의로 1개의 공을 꺼낼 때
　꺼낸 공이 모두 검은 공일 확률은
　$\dfrac{{}_3C_1}{{}_4C_1} \times \dfrac{1}{{}_2C_1} = \dfrac{3}{8}$이다.
　$\Rightarrow \dfrac{2}{3} \times \dfrac{3}{8} = \dfrac{1}{4}$

따라서 구하는 확률은 $\dfrac{1}{6} + \dfrac{1}{4} = \dfrac{5}{12}$이므로
$\therefore p + q = 17$

| 1. ② | 2. ① | 3. ③ | 4. ⑤ |
| 5. 4 | 6. 59 | | |

1. 경우의 수

정답 ②

문제 다시 보기

빨간 공, 파란 공, 노란 공, 흰 공이 각각 10개씩 있는 상자에서 다음 조건을 만족시키도록 공을 선택하는 경우의 수는? (단, 1개도 선택되지 않는 공이 있을 수 있고, 같은 색의 공은 서로 구별하지 않는다.)

(가) 선택된 모든 공의 개수는 10 이하이다.
(나) 선택된 빨간 공의 개수는 3 이상이다.
(다) 선택된 파란 공, 노란 공, 흰 공의 개수의 합은 5 이상이다.

① 150   ② 155   ③ 160   ④ 165   ⑤ 170

선택된 빨간 공, 파란 공, 노란 공, 흰 공의 개수를 각각 a, b, c, d (단, a, b, c, d는 음이 아닌 정수)
라 하면
$a+b+c+d \leq 10$이고
$a \geq 3$, $b+c+d \geq 5$를 만족시킨다.
이때 $a = a'+3$ (단, a'는 음이 아닌 정수)라 하면
$a'+b+c+d \leq 7$이다.

ⅰ) $b+c+d = 5$일 때
$0 \leq a' \leq 2$이므로 이를 만족시키는 순서쌍의 개수는
$3 \times {}_3H_5 = 3 \times {}_7C_5 = 63$

ⅱ) $b+c+d = 6$일 때
$0 \leq a' \leq 1$이므로 이를 만족시키는 순서쌍의 개수는
$2 \times {}_3H_6 = 2 \times {}_8C_6 = 56$

ⅲ) $b+c+d = 7$일 때
$a' = 0$이므로 이를 만족시키는 순서쌍의 개수는
${}_3H_7 = {}_9C_7 = 36$

ⅰ)~ⅲ)에서 구하는 경우의 수는
$63+56+36 = 155$

2. 통계

정답 ①

문제 다시 보기

A 학교 학생들의 통학 시간은 평균이 40분, 표준편차가 σ분인 정규분포를 따르고, B 학교 학생들의 통학 시간은 평균이 35분, 표준편차가 2분인 정규분포를 따른다. A, B 학교 학생들을 대상으로 각각 16명을 임의추출하여 조사한 통학 시간의 표본평균을 각각 $\overline{X}$, $\overline{Y}$라 하자.
$P(\overline{X} \leq 44) = P(\overline{Y} \geq 33)$일 때, $P(\overline{X} \leq 38)$의 값을 오른쪽 표준정규분포표를 이용하여 구한 것은?

z	$P(0 \leq Z \leq z)$
0.5	0.1915
1.0	0.3413
1.5	0.4332
2.0	0.4772

① 0.0228   ② 0.0668   ③ 0.1498   ④ 0.1582   ⑤ 0.3085

정규분포 $N(40, \sigma^2)$을 따르는 모집단에서 크기가 16인 표본의 표본평균 $\overline{X}$는 정규분포 $N\left(40, \left(\dfrac{\sigma}{4}\right)^2\right)$를 따르고,
정규분포 $N(35, 2^2)$을 따르는 모집단에서 크기가 16인 표본의 표본평균 $\overline{Y}$는 정규분포 $N(35, (0.5)^2)$을 따른다.

$P(\overline{X} \leq 44) = P\left(Z \leq \dfrac{44-40}{\dfrac{\sigma}{4}}\right) = P\left(Z \leq \dfrac{16}{\sigma}\right)$

$P(\overline{Y} \geq 33) = P\left(Z \geq \dfrac{33-35}{0.5}\right) = P(Z \geq -4)$

이므로

$P\left(Z \leq \dfrac{16}{\sigma}\right) = P(Z \geq -4) = P(Z \leq 4)$

에서 $\dfrac{16}{\sigma} = 4$, $\sigma = 4$

$\therefore \ P(\overline{X} \leq 38) = P\left(Z \leq \dfrac{38-40}{1}\right)$
$= P(Z \leq -2) = P(Z \geq 2)$
$= P(Z \geq 0) - P(0 \leq Z \leq 2)$
$= 0.5 - 0.4772 = 0.0228$

3. 확률

문제 다시 보기

각 면에 1, 2, 3, 4의 숫자가 하나씩 적혀 있는 정사면체 모양의 상자가 있다. 이 상자를 네 번 던져 밑면에 적힌 숫자를 차례로 a, b, c, d라 하자. 좌표평면 위의 두 점 (a, b), $(c, -d)$의 중점이 직선 $y = -x + 2$ 위의 점일 때, $c = d$일 확률은?

① $\dfrac{1}{10}$　② $\dfrac{1}{5}$　③ $\dfrac{3}{10}$　④ $\dfrac{2}{5}$　⑤ $\dfrac{1}{2}$

두 점 (a, b), $(c, -d)$의 중점의 좌표는
$\left(\dfrac{a+c}{2}, \dfrac{b-d}{2}\right)$이고, 점 $\left(\dfrac{a+c}{2}, \dfrac{b-d}{2}\right)$가 직선 $y = -x + 2$

위의 점일 때, $\dfrac{b-d}{2} = -\dfrac{a+c}{2} + 2$에서 $b - d = -(a+c) + 4$,

즉 $a + b + c = d + 4$이다.
이때 a, b, c, d는 4 이하의 자연수이므로 $a - 1 = a'$,
$b - 1 = b'$, $c - 1 = c'$이라 하면 a', b', c'은
모두 0 이상 3 이하의 정수이다.

ⅰ) $d = 1$일 때
　　$a + b + c = 5$에서 $a' + b' + c' = 2$이다.
　　(단, a', b', c'은 0 이상 3 이하의 정수)
　　이를 만족시키는 순서쌍 (a', b', c')의 개수는
　　$_3H_2 = {}_4C_2 = 6$

ⅱ) $d = 2$일 때
　　$a + b + c = 6$에서 $a' + b' + c' = 3$이다.
　　(단, a', b', c'은 0 이상 3 이하의 정수)
　　이를 만족시키는 순서쌍 (a', b', c')의 개수는
　　$_3H_3 = {}_5C_3 = 10$

ⅲ) $d = 3$일 때
　　$a + b + c = 7$에서 $a' + b' + c' = 4$이다.
　　(단, a', b', c'은 0 이상 3 이하의 정수)
　　이를 만족시키는 순서쌍 (a', b', c')은
　　$a' + b' + c' = 4$를 만족시키는 음이 아닌 정수
　　a', b', c'의 모든 순서쌍 (a', b', c') 중에서 순서쌍
　　$(4, 0, 0)$, $(0, 4, 0)$, $(0, 0, 4)$를 제외한 것이므로
　　그 개수는
　　$_3H_4 - 3 = {}_6C_4 - 3 = 15 - 3 = 12$

ⅳ) $d = 4$일 때
　　$a + b + c = 8$에서 $a' + b' + c' = 5$이다.
　　(단, a', b', c'은 0 이상 3 이하의 정수)
　　이를 만족시키는 순서쌍 (a', b', c')은
　　$a' + b' + c' = 5$를 만족시키는 음이 아닌 정수
　　a', b', c'의 모든 순서쌍 (a', b', c') 중에서 순서쌍
　　$(5, 0, 0)$, $(0, 5, 0)$, $(0, 0, 5)$, $(4, 1, 0)$, $(4, 0, 1)$,
　　$(1, 4, 0)$, $(0, 4, 1)$, $(1, 0, 4)$, $(0, 1, 4)$를 제외한
　　것이므로 그 개수는
　　$_3H_5 - 9 = {}_7C_5 - 9 = 21 - 9 = 12$

ⅰ)~ⅳ)에 의하여 두 점 (a, b), $(c, -d)$의 중점이 직선
$y = -x + 2$ 위의 점이 되는 자연수 a, b, c, d의 순서쌍

(a, b, c, d)의 개수는 $6 + 10 + 12 + 12 = 40$이다.
한편 $a + b + c = d + 4$에서 $c = d$일 때 $a + b = 4$이다.
이때 $a + b = 4$를 만족시키는 4 이하의 자연수 a, b의
순서쌍 (a, b)의 개수는 $_2H_2 = {}_3C_2 = 3$이고, $c = d$를
만족시키는 4 이하의 자연수 c, d의 순서쌍 (c, d)는 $(1, 1)$,
$(2, 2)$, $(3, 3)$, $(4, 4)$로 4개이다.
즉, $a + b + c = d + 4$와 $c = d$를 모두 만족시키는 순서쌍
(a, b, c, d)의 개수는 $3 \times 4 = 12$이다.

따라서 구하는 확률은 $\dfrac{12}{40} = \dfrac{3}{10}$이다.

4. 경우의 수

문제 다시 보기

선생님 1명, 여학생 2명, 남학생 2명에게 같은 종류의 마스크 12장을 각각 1장 이상씩 남김 없이 나누어 주려고 한다. 여학생이 받은 마스크의 개수의 합이 5이거나 남학생이 받은 마스크의 개수의 합이 5가 되도록 마스크를 나누어 주는 경우의 수는?

① 96　② 98　③ 100　④ 102　⑤ 104

선생님이 받은 마스크의 장수를 a,
여학생 2명이 받은 마스크의 장수를 각각 b, c,
남학생이 2명이 받은 마스크의 장수를 각각 d, e라 하자.
　　　　　　　　　　　(단, a, b, c, d, e는 자연수)
$b + c = 5$이고 $a + d + e = 7$인 순서쌍 (a, b, c, d, e)의
개수와
$d + e = 5$이고 $a + b + c = 7$인 순서쌍 (a, b, c, d, e)의
개수는
$4 \times {}_3H_4 = 4 \times {}_6C_2 = 4 \times 15 = 60$으로 같고,
이때 $a = 2$, $b + c = 5$, $d + e = 5$인 순서쌍 (a, b, c, d, e)가
중복되어 세어졌으므로
구하는 경우의 수는 $60 + 60 - 4 \times 4 = 104$이다.

5. 확률

문제 다시 보기

한 개의 주사위를 두 번 던져서 나오는 눈의 수를 차례로 a, b라 하자. ab가 짝수이고 $a > b$일 확률이 $\dfrac{q}{p}$일 때, $p+q$의 값을 구하시오. (단, p와 q는 서로소인 자연수이다.)

한 개의 주사위를 두 번 던지는 전체 경우의 수는 6^2이다.

ab가 짝수이고 $a > b$인 경우의 수를 구하면

$a = 6$일 때 b의 값으로 가능한 수는 1, 2, 3, 4, 5로 5개이다.

$a = 5$일 때 b의 값으로 가능한 수는 2, 4로 2개이다.

$a = 4$일 때 b의 값으로 가능한 수는 1, 2, 3으로 3개이다.

$a = 3$일 때 b의 값으로 가능한 수는 2로 1개이다.

$a = 2$일 때 b의 값으로 가능한 수는 1로 1개이다.

따라서 ab가 짝수이고 $a > b$일 확률은

$$\frac{5+2+3+1+1}{36} = \frac{1}{3}$$이다.

따라서 $p+q = 1+3 = 4$이다.

다른 풀이

ab가 짝수일 사건을 X라 하고,

$a > b$일 사건을 Y_1, $a < b$일 사건을 Y_2, $a = b$일 사건을 Y_3이라 하자.

$$\begin{aligned} \mathrm{P}(X^C) &= (ab\text{가 홀수일 확률}) \\ &= (a,\ b\ \text{둘 다 홀수일 확률}) \\ &= \frac{3 \times 3}{6 \times 6} = \frac{1}{4} \end{aligned}$$

이므로

$$\mathrm{P}(X) = 1 - \mathrm{P}(X^C) = 1 - \frac{1}{4} = \frac{3}{4}$$이다.

또한 $\mathrm{P}(X \cap Y_1) = \mathrm{P}(X \cap Y_2)$이고

$$\mathrm{P}(X \cap Y_3) = \frac{3}{6 \times 6} = \frac{1}{12}$$이므로

$$\mathrm{P}(X \cap Y_1) = \left(\frac{3}{4} - \frac{1}{12} \right) \times \frac{1}{2} = \frac{1}{3}$$이다.

$$\therefore p+q = 4$$

6. 통계

문제 다시 보기

1, 2, 3, 4의 숫자가 하나씩 적힌 카드가 2장씩 총 8장이 있다. 이 8장의 카드를 숫자가 보이지 않게 뒤집어 놓은 상태에서 임의로 3장의 카드를 동시에 뒤집어 카드에 적힌 수를 확인할 때, 다음 규칙에 따라 확률변수 X를 정한다.

> (가) 세 수가 모두 다른 경우 그 중 가장 큰 수를 X로 한다.
> (나) 세 수 중 두 수가 같은 경우 그 수를 X로 한다.

예를 들어, [1][3][4]가 나온 경우 $X=4$이고, [2][2][3]이 나온 경우 $X=2$이다. $\mathrm{E}(X) = \dfrac{q}{p}$일 때, $p+q$의 값을 구하시오.

(단, p와 q는 서로소인 자연수이다.)

8장의 카드 중 임의로 3장의 카드를 뽑는 경우의 수는 ${}_8 C_3 = 56$이다.

ⅰ) 세 수가 모두 서로 다른 경우

[1][2][3] : ${}_2 C_1 \times {}_2 C_1 \times {}_2 C_1 = 8$

[1][2][4] : 8

[1][3][4] : 8

[2][3][4] : 8

ⅱ) 세 수 중 두 수가 같은 경우

[1][1][ ] : ${}_6 C_1 = 6$

[2][2][ ] : 6

[3][3][ ] : 6

[4][4][ ] : 6

따라서

$$\mathrm{P}(X=1) = \frac{6}{56},\ \mathrm{P}(X=2) = \frac{6}{56},$$

$$\mathrm{P}(X=3) = \frac{8+6}{56} = \frac{14}{56},\ \mathrm{P}(X=4) = \frac{8+8+8+6}{56} = \frac{30}{56}$$

이므로 확률변수 X의 확률분포를 표로 나타내면 다음과 같다.

X	1	2	3	4	계
$\mathrm{P}(X=x)$	$\dfrac{6}{56}$	$\dfrac{6}{56}$	$\dfrac{14}{56}$	$\dfrac{30}{56}$	1

$$\therefore \mathrm{E}(X) = 1 \times \frac{6}{56} + 2 \times \frac{6}{56} + 3 \times \frac{14}{56} + 4 \times \frac{30}{56} = \frac{45}{14}$$

따라서 구하는 값은

$$p+q = 14+45 = 59$$

1. ②	2. ①	3. ④	4. ①
5. 3	6. 105		

1. 확률

정답 ②

문제 다시 보기

한 개의 주사위를 2번 던져서 나오는 눈의 수를 차례로 a, b라 하자. ab가 18의 배수일 때, $a \geq b$일 확률은?

① $\frac{1}{2}$ ② $\frac{2}{3}$ ③ $\frac{3}{4}$ ④ $\frac{4}{5}$ ⑤ $\frac{5}{6}$

한 개의 주사위를 두 번 던지는 전체 경우의 수는
$6^2 = 36$이다.
6 이하의 자연수 a, b에 대하여 ab가 18의 배수이기
위해서는 a와 b는 모두 3의 배수이어야 하고, a와 b 둘 중
적어도 하나는 짝수이어야 한다.
따라서 이를 만족시키는 순서쌍 (a, b)는 $(3, 6)$. $(6, 3)$,
$(6, 6)$으로 3개이다.

즉, ab가 18의 배수일 확률은 $\frac{3}{36} = \frac{1}{12}$이다.

한편, ab가 18의 배수이고 $a \geq b$인 순서쌍 (a, b)는 $(6, 3)$,
$(6, 6)$으로 2개이므로

이 확률은 $\frac{2}{36} = \frac{1}{18}$이다.

따라서 구하는 확률은 $\dfrac{\frac{1}{18}}{\frac{1}{12}} = \frac{2}{3}$이다.

2. 통계

정답 ①

문제 다시 보기

모평균이 m, 모표준편차가 50인 정규분포를 따르는 모집단에서
크기가 n인 표본을 임의추출하여 구한 표본평균이 $\bar{x}$이고, 이를
이용하여 구한 모평균 m에 대한 신뢰도 95%의 신뢰구간이
$30.2 \leq m \leq 49.8$이다. $\frac{\bar{x}}{n}$의 값은?
(단, Z가 표준정규분포를 따르는 확률변수일 때,
$P(|Z| \leq 1.96) = 0.95$로 계산한다.)

① $\frac{2}{5}$ ② $\frac{9}{20}$ ③ $\frac{1}{2}$ ④ $\frac{11}{20}$ ⑤ $\frac{3}{5}$

모집단이 정규분포 $N(m, 50^2)$을 따를 때 크기가 n인
표본을 임의추출하여 구한 표본평균의 값이 $\bar{x}$이므로 모평균
m에 대한 신뢰도 95%의 신뢰구간은

$$\bar{x} - 1.96 \times \frac{50}{\sqrt{n}} \leq m \leq \bar{x} + 1.96 \times \frac{50}{\sqrt{n}}$$

이 신뢰구간이 $30.2 \leq m \leq 49.8$과 같으므로

$$\bar{x} - 1.96 \times \frac{50}{\sqrt{n}} = 30.2, \quad \bar{x} + 1.96 \times \frac{50}{\sqrt{n}} = 49.8$$

양변을 더하면 $2\bar{x} = 80$에서 $\bar{x} = 40$

$$1.96 \times \frac{50}{\sqrt{n}} = 9.8$$

$$\sqrt{n} = \frac{98}{9.8} = 10$에서 $n = 100$$

$$\therefore \quad \frac{\bar{x}}{n} = \frac{40}{100} = \frac{2}{5}$$

3. 확률

정답 ④

문제 다시 보기

서로 다른 3개의 주사위를 동시에 한 번 던질 때, 나온 눈의
수의 최댓값이 4 이상이면 나온 눈의 수의 최댓값을 점수로
얻고, 3 이하이면 나온 눈의 수를 모두 합한 값을 점수로 얻는
게임이 있다. 이 게임을 한 번하여 얻은 점수가 6일 확률은?

① $\frac{7}{27}$ ② $\frac{35}{108}$ ③ $\frac{7}{18}$ ④ $\frac{49}{108}$ ⑤ $\frac{14}{27}$

게임을 한 번하여 얻은 점수가 6인 경우는
나온 눈의 수의 최댓값이 6이거나
나온 눈의 수가 1, 2, 3 또는 2, 2, 2인 경우이다.
i) 3개의 주사위에서 나온 눈의 수의 최댓값이 6인 경우
여사건은 최댓값이 5 이하인 경우이고 이 확률은

$$\frac{5^3}{6^3} = \frac{125}{216}$이므로$$

구하는 확률은 $1 - \frac{125}{216} = \frac{91}{216}$

ii) 나온 눈의 수가 1, 2, 3 또는 2, 2, 2인 경우
구하는 확률은 $\frac{3!}{6^3} + \frac{1}{6^3} = \frac{7}{216}$

i), ii)에서 구하는 확률은
$\frac{91}{216} + \frac{7}{216} = \frac{49}{108}$

4. 통계

문제 다시 보기

확률변수 X는 정규분포 $N(8, 4^2)$, 확률변수 Y는 정규분포 $N(m, 4^2)$을 따른다.

$$P(X \leq 2m) \geq P(Y \geq 6)$$

을 만족시키는 10 이하의 양수 m의 값에 대하여 $P(10 \leq Y \leq 12)$의 최솟값을 오른쪽 표준정규분포를 이용하여 구한 것은?

z	$P(0 \leq Z \leq z)$
1.0	0.3413
1.5	0.4332
2.0	0.4772
2.5	0.4938

① 0.0166 ② 0.0440 ③ 0.0606 ④ 0.0919 ⑤ 0.1359

X, Y가 각각 정규분포 $N(8, 4^2)$, $N(m, 4^2)$을 따르므로
$P(X \leq 2m) \geq P(Y \geq 6)$에서

$$P\left(Z \leq \frac{2m-8}{4}\right) \geq P\left(Z \geq \frac{6-m}{4}\right) \quad\cdots\cdots\bigcirc$$

이때 $P(10 \leq Y \leq 12) = P\left(\dfrac{10-m}{4} \leq Z \leq \dfrac{12-m}{4}\right)$

에서 $\quad\cdots\cdots\bigcirc$

$\dfrac{12-m}{4} - \dfrac{10-m}{4} = \dfrac{1}{2}$로 일정하므로 10 이하의 양수 m의

값이 최소일 때 구하는 확률도 최소이다.
따라서 $m < 4$일 때 $\bigcirc$을 만족시키는 조건만 따져주어도
충분하며 이때 다음 그림과 같이

$$-\frac{2m-8}{4} \leq \frac{6-m}{4}, \text{ 즉 } m \geq 2$$이어야 한다.

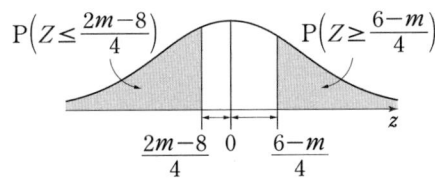

따라서 $\bigcirc$의 최솟값은 $m = 2$일 때

$$P(2 \leq Z \leq 2.5) = 0.4938 - 0.4772 = 0.0166$$

5. 경우의 수

문제 다시 보기

자연수 n에 대하여 $abc = 6^n$을 만족시키는 세 자연수 a, b, c의 모든 순서쌍 (a, b, c)의 개수가 100일 때, n의 값을 구하시오.

$abc = 6^n = 2^n \times 3^n$이므로
음이 아닌 6개의 정수 d, e, f, g, h, i에 대하여
$a = 2^d \times 3^e$, $b = 2^f \times 3^g$, $c = 2^h \times 3^i$라 할 때
$d + f + h = n$, $e + g + i = n$이어야 한다.

이때 방정식 $d + f + h = n$을 만족시키는 음이 아닌 세 정수
d, f, h의 모든 순서쌍 (d, f, h)의 개수는

$$_3H_n = {}_{n+2}C_n = {}_{n+2}C_2 = \frac{(n+2)(n+1)}{2}$$이고

방정식 $e + g + i = n$을 만족시키는 음이 아닌 세 정수 e, g, i의 모든 순서쌍 (e, g, i)의 개수 또한

$$_3H_n = {}_{n+2}C_n = {}_{n+2}C_2 = \frac{(n+2)(n+1)}{2}$$이므로

주어진 조건을 만족시키기 위해서는

$$\left\{\frac{(n+2)(n+1)}{2}\right\}^2 = 100$$에서 $\dfrac{(n+2)(n+1)}{2} = 10$이어야

한다.
$(n+2)(n+1) = 20$, $n^2 + 3n + 2 = 20$,
$n^2 + 3n - 18 = 0$, $(n-3)(n+6) = 0$
$\therefore n = 3 \ (\because n > 0)$

6. 경우의 수

문제 다시 보기

집합 $X = \{1, 2, 3, 4, 5, 6\}$에 대하여 다음 조건을 만족시키는 함수 $f : X \to X$의 개수를 구하시오.

(가) 집합 X의 임의의 두 원소 a, b에 대하여
$a < b$이면 $f(a) \leq f(b)$이다.
(나) 집합 X의 어떤 원소 a에 대하여
$f(a+1) = f(a) + 3$이다.

(i) $f(a) = 1$, $f(a+1) = 4$인 경우
함수 f의 개수는 1, 4, 5, 6 중에서 1과 4를 적어도
하나씩 포함하고, 중복을 허락하여 6개를 택하여 크기
않은 순서대로 $f(1)$, $f(2)$, $f(3)$, $f(4)$, $f(5)$,
$f(6)$의 값으로 정하는 경우의 수와 같으므로
$$_4H_{6-2} = {}_4H_4 = {}_7C_3 = 35$$

(ii) $f(a) = 2$, $f(a+1) = 5$인 경우
함수 f의 개수는 1, 2, 5, 6 중에서 2와 5를 적어도
하나씩 포함하고, 중복을 허락하여 6개를 택하여 크기
않은 순서대로 $f(1)$, $f(2)$, $f(3)$, $f(4)$, $f(5)$,
$f(6)$의 값으로 정하는 경우의 수와 같으므로
$$_4H_{6-2} = {}_4H_4 = {}_7C_3 = 35$$

(iii) $f(a) = 3$, $f(a+1) = 6$인 경우
함수 f의 개수는 1, 2, 3, 6 중에서 3과 6을 적어도
하나씩 포함하고, 중복을 허락하여 6개를 택하여 크기
않은 순서대로 $f(1)$, $f(2)$, $f(3)$, $f(4)$, $f(5)$,
$f(6)$의 값으로 정하는 경우의 수와 같으므로
$$_4H_{6-2} = {}_4H_4 = {}_7C_3 = 35$$

(i)~(iii)에서 구하는 함수 f의 개수는
$3 \times 35 = 105$

조건 (가)에서

$1 \leq f(1) \leq f(2) \leq f(3) \leq \cdots \leq f(6) \leq 6$이므로

$f(1)-1=x_1$, $f(2)-f(1)=x_2$,

$f(3)-f(2)=x_3$, $f(4)-f(3)=x_4$,

$f(5)-f(4)=x_5$, $f(6)-f(5)=x_6$,

$6-f(6)=x_7$이라 하자.

$$
\begin{array}{cccccccc}
1 & f(1) & f(2) & f(3) & f(4) & f(5) & f(6) & 6 \\
\underbrace{\quad}_{x_1} & \underbrace{\quad}_{x_2} & \underbrace{\quad}_{x_3} & \underbrace{\quad}_{x_4} & \underbrace{\quad}_{x_5} & \underbrace{\quad}_{x_6} & \underbrace{\quad}_{x_7} &
\end{array}
$$

$x_1 + x_2 + x_3 + x_4 + x_5 + x_6 + x_7 = 5$

$(x_1,\ x_2,\ x_3,\ \cdots,\ x_7 \geq 0)$

조건 (나)에서 $x_2,\ x_3,\ x_4,\ x_5,\ x_6$ 중 하나는 3이므로 $x_2,\ x_3,$

$x_4,\ x_5,\ x_6$ 중에서 3이 될 것 1개를 고르는 경우의 수는

$_5C_1 = 5$ ······㉠

$x_2 = 3$이라 하면

$x_1 + x_3 + x_4 + x_5 + x_6 + x_7 = 2$ $(x_1,\ x_3,\ x_4,\ \cdots,\ x_7 \geq 0)$

이므로 음이 아닌 정수 $x_1,\ x_3,\ x_4,\ \cdots,\ x_7$의 순서쌍

$(x_1,\ x_3,\ x_4,\ \cdots,\ x_7)$의 개수는

$_6H_2 = {_7C_2} = 21$ ······㉡

㉠과 ㉡에 의하여 모든 순서쌍

$(x_1,\ x_2,\ x_3,\ \cdots,\ x_7)$의 개수는

$5 \times 21 = 105$이므로 구하는 함수의 개수는 105이다.

1. ③	2. ②	3. ①	4. ⑤
5. 10	6. 196		

1. 경우의 수

정답 ③

문제 다시 보기

3보다 큰 자연수 n이

$$\sum_{k=3}^{n} \log_4 (_{2k}C_0 + _{2k}C_2 + _{2k}C_4 + \cdots + _{2k}C_{2k}) = 30$$

을 만족시킬 때, n의 값은?

① 6 ② 7 ③ 8 ④ 9 ⑤ 10

$(x+1)^{2k} = \sum_{m=0}^{2k} {}_{2k}C_m x^m$ 이므로

$x = 1$일 때

$2^{2k} = \sum_{m=0}^{2k} \left({}_{2k}C_m \times 1^m \right)$

$\quad = {}_{2k}C_0 + {}_{2k}C_1 + {}_{2k}C_2 + \cdots + {}_{2k}C_{2k}$ ······㉠

$x = -1$일 때

$0 = \sum_{m=0}^{2k} \left\{ {}_{2k}C_m \times (-1)^m \right\}$

$\quad = {}_{2k}C_0 - {}_{2k}C_1 + {}_{2k}C_2 - \cdots + {}_{2k}C_{2k}$ ······㉡

㉠+㉡에서

$2^{2k} = 2\left({}_{2k}C_0 + {}_{2k}C_2 + {}_{2k}C_4 + \cdots + {}_{2k}C_{2k} \right)$,

$\therefore 2^{2k-1} = {}_{2k}C_0 + {}_{2k}C_2 + {}_{2k}C_4 + \cdots + {}_{2k}C_{2k}$

따라서

$\log_4 \left({}_{2k}C_0 + {}_{2k}C_2 + {}_{2k}C_4 + \cdots + {}_{2k}C_{2k} \right) = \dfrac{2k-1}{2} = k - \dfrac{1}{2}$

이므로

$\sum_{k=3}^{n} \left(k - \dfrac{1}{2} \right) = \dfrac{(n-2)(n+3)}{2} - \dfrac{n-2}{2}$

$\qquad\qquad\quad = \dfrac{(n-2)(n+2)}{2}$

$\qquad\qquad\quad = \dfrac{n^2 - 4}{2} = 30$

에서 $n^2 = 64$

$\therefore n = 8$ ($\because n$은 자연수)

2. 확률

정답 ②

문제 다시 보기

한 개의 주사위를 던져서 6의 약수의 눈이 나오면 동전을 5번 던지고, 6의 약수의 눈이 나오지 않으면 동전을 3번 던진다. 이 시행에서 동전의 앞면이 나온 횟수가 2일 때, 동전을 3번 던졌을 확률은?

① $\dfrac{1}{4}$ ② $\dfrac{3}{8}$ ③ $\dfrac{1}{2}$ ④ $\dfrac{5}{8}$ ⑤ $\dfrac{3}{4}$

6의 약수는 1, 2, 3, 6이므로
한 개의 주사위를 던진 결과에 따라 동전의 앞면이 나온 횟수가 2일 확률은 다음과 같다.

ⅰ) 주사위를 던져서 6의 약수의 눈이 나온 경우

6의 약수의 눈이 나올 확률은 $\dfrac{2}{3}$ 이고

동전을 5번 던져서 앞면이 나온 횟수가 2일 확률은

$_5C_2 \times \left(\dfrac{1}{2} \right)^5 = \dfrac{10}{32} = \dfrac{5}{16}$

따라서 주사위를 던져서 6의 약수의 눈이 나오고 동전의

앞면이 나온 횟수가 2일 확률은 $\dfrac{2}{3} \times \dfrac{5}{16} = \dfrac{5}{24}$ 이다.

ⅱ) 주사위를 던져서 6의 약수의 눈이 나오지 않은 경우

6의 약수의 눈이 나오지 않을 확률은 $\dfrac{1}{3}$ 이고

동전을 3번 던져서 앞면이 나온 횟수가 2일 확률은

$_3C_2 \times \left(\dfrac{1}{2} \right)^3 = \dfrac{3}{8}$

따라서 주사위를 던져서 6의 약수의 눈이 나오지 않고 동전의 앞면이 나온 횟수가 2일 확률은

$\dfrac{1}{3} \times \dfrac{3}{8} = \dfrac{1}{8}$ 이다.

ⅰ), ⅱ)에서 구하는 확률은 $\dfrac{\dfrac{1}{8}}{\dfrac{5}{24} + \dfrac{1}{8}} = \dfrac{3}{8}$ 이다.

3. 통계

정답 ①

문제 다시 보기

어느 묘목장에서 기르는 묘목의 높이는 평균이 $100\,\mathrm{cm}$, 표준편차가 $16\,\mathrm{cm}$인 정규분포를 따른다고 한다. 이 묘목장에서 묘목의 높이가 큰 것부터 차례대로 1급지, 2급지, 3급지의 세 구역으로 나누어 관리하려는데 전체 묘목 중에서 각 구역이 차지하는 비율을 35%, 30%, 35%로 계획하였다. 2급지에서 관리하게 되는 묘목의 높이(cm)의 최댓값과 최솟값의 차를 오른쪽 표준정규분포표를 이용하여 구한 것은?

z	$P(0 \le Z \le z)$
0.39	0.15
0.52	0.20
0.67	0.25
0.84	0.30

① 12.48 ② 14.44 ③ 16.64 ④ 21.44 ⑤ 26.88

묘목의 높이를 확률변수 X라 하면 X는 정규분포 $\mathrm{N}(100,\,16^2)$을 따른다.

이때 2급지에서 관리하게 되는 묘목의 높이의 최댓값을 M, 최솟값을 m이라 하면

$P(X < m) = P(X > M) = 0.35$이므로

$\dfrac{m+M}{2} = 100$을 만족시킨다.

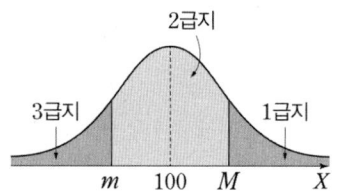

$$P(m \le X \le M) = P\left(\dfrac{m-100}{16} \le Z \le \dfrac{M-100}{16}\right)$$
$$= 2P\left(0 \le Z \le \dfrac{M-100}{16}\right) = 0.30$$

에서 $P\left(0 \le Z \le \dfrac{M-100}{16}\right) = 0.15$이므로

$\dfrac{M-100}{16} = 0.39$, 즉 $M = 106.24$이다.

또한, $m = 100 - 6.24 = 93.76$이므로

$M - m = 12.48$

4. 확률

정답 ⑤

문제 다시 보기

좌표평면 위의 점 $(0,\,1)$에 점 A가 있다. 동전 1개를 사용하여 다음 시행을 한다.

> 동전을 한 번 던져
> 앞면이 나오면 점 A를 x축의 방향으로 1만큼,
> 뒷면이 나오면 점 A를 y축의 방향으로 1만큼
> 이동시킨다.

위의 시행을 10번 반복하여 점 A가 직선 $y = x$ 위의 점 중 점 $(5,\,5)$만 지날 확률은?

① $\dfrac{3}{256}$ ② $\dfrac{1}{64}$ ③ $\dfrac{5}{256}$ ④ $\dfrac{3}{128}$ ⑤ $\dfrac{7}{256}$

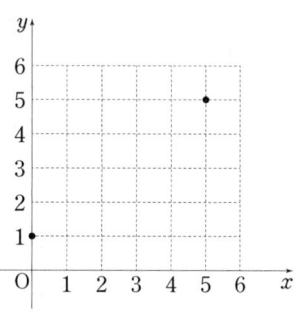

동전을 던지는 시행을 10번 반복하였을 때 점 A가 직선 $y = x$ 위의 점 중 점 $(5,\,5)$만 지나려면 다음 그림에 표시된 점만 지나야 한다.

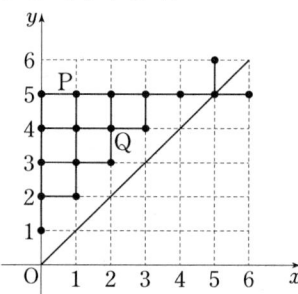

$P(1,\,5)$, $Q(2,\,4)$라 할 때 다음과 같이 이동하는 경우의 수를 구하면

$(0,\,1)$
$\nearrow P \to (5,\,5) \nearrow (5,\,6)$ / $(6,\,5)$인 경우 $\dfrac{4!}{3!} \times 1 \times 2$이고,
$\searrow Q \to (5,\,5) \nearrow (5,\,6)$ / $(6,\,5)$인 경우 $\left(\dfrac{4!}{2!2!} - 1\right) \times 2 \times 2$이다.

이때 각 경로로 이동하는 확률은 $\left(\dfrac{1}{2}\right)^{10}$으로 모두 같으므로

구하는 확률은 $\dfrac{8+20}{2^{10}} = \dfrac{2^2 \times 7}{2^{10}} = \dfrac{7}{256}$이다.

5. 통계　　　　　　　　　　　　　　　[정답] 10

정규분포 $N(0, 4^2)$을 따르는 모집단에서 크기가 16인 표본을 임의추출하여 구한 표본평균을 $\overline{X}$, 크기가 25인 표본을 임의추출하여 구한 표본평균을 $\overline{Y}$ 라 하자.
$P(\overline{X} \leq 5) \geq 1 - P(\overline{Y} \geq a)$ 를 만족시키는 모든 자연수 a의 값의 합을 구하시오.

정규분포 $N(0, 4^2)$을 따르는 모집단에서 크기가 16인 표본의 표본평균 $\overline{X}$ 는 $E(\overline{X}) = 0$, $V(\overline{X}) = \dfrac{4^2}{16} = 1^2$이므로 정규분포 $N(0, 1^2)$을 따르고, 크기가 25인 표본의 표본평균 $\overline{Y}$ 는 $E(\overline{Y}) = 0$, $V(\overline{Y}) = \dfrac{4^2}{25} = \left(\dfrac{4}{5}\right)^2$이므로 정규분포 $N\left(0, \left(\dfrac{4}{5}\right)^2\right)$을 따른다.

이때 $P(\overline{X} \leq 5) \geq 1 - P(\overline{Y} \geq a)$ 에서
$P(\overline{Y} \geq a) \geq 1 - P(\overline{X} \leq 5)$ 이고
$1 - P(\overline{X} \leq 5) = P(\overline{X} \geq 5)$ 이므로
$P(\overline{Y} \geq a) \geq P(\overline{X} \geq 5)$,
$P\left(Z \geq \dfrac{a}{\frac{4}{5}}\right) \geq P\left(Z \geq \dfrac{5}{1}\right)$,
$P\left(Z \geq \dfrac{5a}{4}\right) \geq P(Z \geq 5)$
이다.
따라서 $\dfrac{5a}{4} \leq 5$, 즉 $a \leq 4$이어야 하므로 모든 자연수 a의 값의 합은 $1 + 2 + 3 + 4 = 10$이다.

6. 경우의 수　　　　　　　　　　　　[정답] 196

흰 공 1개, 검은 공 1개, 빨간 공 3개, 파란 공 9개를 똑같은 4개의 상자에 남김없이 나누어 넣을 때, 다음 조건을 만족시키는 경우의 수를 구하시오.
(단, 같은 색의 공끼리는 서로 구별하지 않는다.)

(가) 모든 상자에는 적어도 1개의 공을 넣는다.
(나) 흰 공과 검은 공은 같은 상자에 넣지 않는다.
(다) 흰 공과 검은 공이 들어 있지 않고, 빨간 공과 파란 공이 적어도 한 개씩 총 5개가 들어 있는 상자가 오직 한 개 존재한다.

조건 (다)에 따라 빨간 공과 파란 공을 어느 한 상자에 (1개, 4개) 또는 (2개, 3개) 또는 (3개, 2개)씩 먼저 넣고, 조건 (나)에 따라 남은 3개의 상자 중 2개의 상자에 흰 공 1개와 검은 공 1개를 각각 넣자. 남은 7개의 공을 새로 구분되는 3개의 상자(흰 공을 넣은 상자 A, 검은 공을 넣은 상자 B, 아직 비어 있는 상자 C)에 나누어 넣을 때, 조건을 만족시키는 경우의 수는 다음과 같다.

ⅰ) 빨간 공 1개, 파란 공 4개를 먼저 어느 한 상자에 넣은 경우
　남은 빨간 공 2개, 파란 공 5개를 3개의 상자 A, B, C에 나누어 넣는 경우의 수에서 조건 (가)에 따라 상자 C가 비는 경우를 제외하면
　${}_3H_2 \times {}_3H_5 - {}_2H_2 \times {}_2H_5 = {}_4C_2 \times {}_7C_5 - {}_3C_2 \times {}_6C_5 = 108$
　이 중 조건 (다)에 의하여 상자 C에 빨간 공과 파란 공을 적어도 한 개씩 총 5개를 넣는 경우도 제외해야 한다.
　상자 C에 빨간 공 1개, 파란 공 4개를 넣고, 남은 빨간 공 1개, 파란 공 1개를 두 상자 A, B에 나누어 넣는 경우의 수는
　${}_2H_1 \times {}_2H_1 = {}_2C_1 \times {}_2C_1 = 4$
　상자 C에 빨간 공 2개, 파란 공 3개를 넣고, 남은 파란 공 2개를 두 상자 A, B에 나누어 넣는 경우의 수는
　${}_2H_2 = {}_3C_2 = 3$
　따라서 구하는 경우의 수는 $108 - 4 - 3 = 101$

ⅱ) 빨간 공 2개, 파란 공 3개를 먼저 어느 한 상자에 넣은 경우
　남은 빨간 공 1개, 파란 공 6개를 3개의 상자 A, B, C에 나누어 넣는 경우의 수에서 상자 C가 비는 경우를 제외하면
　${}_3H_1 \times {}_3H_6 - {}_2H_1 \times {}_2H_6 = {}_3C_1 \times {}_8C_6 - {}_2C_1 \times {}_7C_6 = 70$
　이 중 상자 C에 빨간 공 1개, 파란 공 4개를 넣고, 남은 파란 공 2개를 두 상자 A, B에 나누어 넣는 경우의 수인
　${}_2H_2 = {}_3C_2 = 3$
　을 제외해야 하므로 구하는 경우의 수는 $70 - 3 = 67$

ⅲ) 빨간 공 3개, 파란 공 2개를 먼저 어느 한 상자에 넣은 경우
　남은 파란 공 7개를 3개의 상자 A, B, C에 나누어 넣는 경우의 수에서 상자 C가 비는 경우를 제외하면
　${}_3H_7 - {}_2H_7 = {}_9C_7 - {}_8C_7 = 28$

ⅰ), ⅱ), ⅲ)에서 구하는 경우의 수는
$101 + 67 + 28 = 196$

1. ④	2. ④	3. ⑤	4. ②
5. 288	6. 6		

1. 통계

정답 ④

문제 다시 보기

확률변수 X는 정규분포 $N(1, 2^2)$, 확률변수 Y는 정규분포 $N(2, 1^2)$을 따를 때,

$$P(1 \leq X \leq 5) = P(k \leq Y \leq 2)$$

가 성립한다. 상수 k의 값은?

① -3 ② -2 ③ -1 ④ 0 ⑤ 1

두 확률변수 X, Y는 각각 정규분포 $N(1, 2^2)$, $N(2, 1^2)$을 따르므로

두 확률변수 $Z_X = \dfrac{X-1}{2}$, $Z_Y = \dfrac{Y-2}{1}$는 표준정규분포 $N(0, 1)$을 따른다.

$$P(1 \leq X \leq 5) = P\left(\frac{1-1}{2} \leq Z_X \leq \frac{5-1}{2}\right)$$
$$= P(0 \leq Z_X \leq 2)$$

이고,

$$P(k \leq Y \leq 2) = P\left(\frac{k-2}{1} \leq Z_Y \leq \frac{2-2}{1}\right)$$
$$= P(k-2 \leq Z_Y \leq 0)$$

이므로 문제 조건에 의하여
$$P(0 \leq Z_X \leq 2) = P(k-2 \leq Z_Y \leq 0)$$
따라서 $k-2 = -2$에서 $k = 0$이다.

2. 확률

정답 ④

문제 다시 보기

그림과 같이 1이 적힌 카드가 1장, 2가 적힌 카드가 2장, 3이 적힌 카드가 3장, 4가 적힌 카드가 4장이 있다. 이 10장의 카드에서 임의로 2장의 카드를 선택할 때, 선택된 2장의 카드에 적힌 수가 서로 다를 확률은?

① $\dfrac{4}{9}$ ② $\dfrac{5}{9}$ ③ $\dfrac{2}{3}$ ④ $\dfrac{7}{9}$ ⑤ $\dfrac{8}{9}$

임의로 선택한 2장의 카드에 적힌 수가 서로 같을 확률은

$$\frac{{}_2C_2 + {}_3C_2 + {}_4C_2}{{}_{10}C_2} = \frac{1+3+6}{45} = \frac{10}{45} = \frac{2}{9}$$이므로

구하는 확률은 $1 - \dfrac{2}{9} = \dfrac{7}{9}$이다.

3. 통계

정답 ⑤

문제 다시 보기

정규분포 $N(m, \sigma^2)$를 따르는 확률변수 X가 $P(X \geq 30) = P(X \leq 70) = 0.9772$를 만족시킨다. 이 모집단에서 크기가 100인 표본을 임의추출할 때, 표본평균과 모평균의 차이가 1 이하일 확률을 오른쪽 표준정규분포표를 이용하여 구한 것은?

z	$P(0 \leq Z \leq z)$
0.5	0.1915
1.0	0.3413
1.5	0.4332
2.0	0.4772

① 0.4552 ② 0.4855 ③ 0.5328 ④ 0.6247 ⑤ 0.6826

$P(X \geq 30) = P(X \leq 70) = 0.9772$에서 $m = 50$

이때, 확률변수 X는 정규분포 $N(50, \sigma^2)$을 따르므로

$Z = \dfrac{X-50}{\sigma}$이라 하면

확률변수 Z는 표준정규분포 $N(0, 1)$을 따른다.

$$P(X \le 70) = P\left(Z \le \frac{70-50}{\sigma}\right)$$
$$= 0.5 + P\left(0 \le Z \le \frac{20}{\sigma}\right)$$
$$= 0.9772$$

따라서 $P\left(0 \le Z \le \dfrac{20}{\sigma}\right) = 0.4772$이므로

$\dfrac{20}{\sigma} = 2$, $\sigma = 10$이다.

확률변수 X는 정규분포 $N(50, 10^2)$을 따르므로
표본평균 $\overline{X}$는 정규분포 $N(50, 1^2)$을 따른다.

이때, $Z = \dfrac{\overline{X}-50}{1}$이라 하면

확률변수 Z는 표준정규분포 $N(0, 1)$을 따른다.

$$\therefore P(|\overline{X}-50| \le 1) = P(|Z| \le 1)$$
$$= 2P(0 \le Z \le 1)$$
$$= 2 \times 0.3413 = 0.6826$$

4. 경우의 수

정답 ②

문제 다시 보기

> 흰 공 7개, 검은 공 6개가 들어 있는 주머니가 있다. 이 주머니에서 공을 한 개씩 13번 꺼내려고 한다. 흰 공을 꺼낸 바로 다음 검은 공을 꺼내는 횟수가 2번이 되도록 모든 공을 꺼내는 경우의 수는? (단, 같은 색의 공은 서로 구분하지 않고 꺼낸 공은 주머니에 다시 넣지 않는다.)
>
> ① 310   ② 315   ③ 320   ④ 325   ⑤ 330

검은 공을 ●, 흰 공을 ○라 하고 꺼낸 공의 색이 바뀌는 경계를 →로 나타낼 때
흰 공을 꺼낸 바로 다음 검은 공을 꺼내는 횟수가 2번인 경우는 다음과 같다.

(● a개) → (○ b개) → (● c개) → (○ d개) → (● e개) → (○ f개)

(단, a, f는 음이 아닌 정수이고 b, c, d, e는 자연수)

$b' = b-1$, $c' = c-1$, $d' = d-1$, $e' = e-1$이라 할 때

$a + c' + e' = 4$를 만족시키는 순서쌍 (a, c', e')의 개수는
$_3H_4 = {}_6C_2 = 15$이고

$b' + d' + f = 5$를 만족시키는 순서쌍 (b', d', f)의 개수는
$_3H_5 = {}_7C_2 = 21$이므로

구하는 경우의 수는 $15 \times 21 = 315$이다.

5. 경우의 수

정답 288

문제 다시 보기

> 그림과 같이 일정한 간격으로 8개의 의자가 배치되어 있는 원탁이 있다. 이 원탁에 다음 조건을 만족시키도록 교사 2명, 남학생 3명, 여학생 3명이 둘러앉는 경우의 수를 구하시오.
> (단, 회전하여 일치하는 것은 같은 것으로 본다.)
>
> (가) 교사는 서로 이웃한다.
> (나) 어느 두 남학생도 서로 이웃하지 않는다.

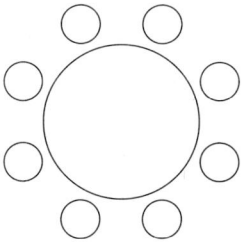

교사 2명의 묶음과 여학생 3명을 원탁에 배열하는 경우의 수는
$(4-1)! \times 2!$

교사 2명의 묶음과 여학생 3명의 네 군데의 사이에 남학생 3명을 배열하는 경우의 수는
$_4P_3$

따라서 구하는 경우의 수는
$(3! \times 2!) \times {}_4P_3 = 12 \times 24 = 288$

6. 확률　　　　정답 6

주머니 A에는 흰 공 3개와 검은 공 2개, 주머니 B에는 흰 공 2개와 검은 공 2개가 들어 있고, 주머니 C는 비어 있다. 한 개의 주사위를 던져서 3의 배수의 눈이 나오면 주머니 A에서 임의로 2개의 공을 꺼내어 주머니 C에 넣고, 3의 배수의 눈이 나오지 않으면 주머니 B에서 임의로 2개의 공을 꺼내어 주머니 C에 넣는다. 이와 같은 시행을 2번 반복할 때, 주머니 C에 들어 있는 흰 공의 개수가 3 이상일 확률은 $\dfrac{q}{p}$이다. $p+q$의 값을 구하시오. (단, p와 q는 서로소인 자연수이다.)

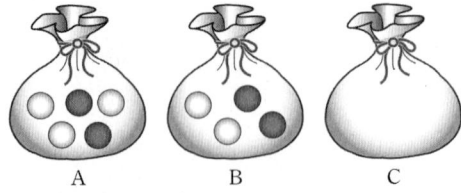

A　　　B　　　C

한 개의 주사위를 던져 3의 배수의 눈이 나오는 확률은 $\dfrac{1}{3}$, 3의 배수의 눈이 나오지 않을 확률은 $\dfrac{2}{3}$이다. 또한 두 번의 시행을 반복한 결과 주머니 C에는 총 4개의 공이 들어있다. 따라서 주머니 C에 들어 있는 흰 공의 개수가 3 이상인 경우는 주머니 C에 흰 공 4개가 들어 있는 경우와 흰 공 3개, 검은 공 1개가 들어 있는 경우가 있다.

ⅰ) 주머니 C에 흰 공 4개가 들어 있는 경우

주머니 A에서 흰 공 2개, 주머니 B에서 흰 공 2개를 꺼내어 주머니 C에 넣어야 하므로 그 확률은

$$\frac{1}{3}\times\frac{{}_3C_2}{{}_5C_2}\times\frac{2}{3}\times\frac{{}_2C_2}{{}_4C_2}\times 2$$

$$=\frac{1}{3}\times\frac{3}{10}\times\frac{2}{3}\times\frac{1}{6}\times 2=\frac{1}{45}$$

ⅱ) 주머니 C에 흰 공 3개, 검은 공 1개가 들어 있는 경우

주머니 A에서 흰 공 2개, 주머니 B에서 흰 공 1개, 검은 공 1개를 꺼내어 주머니 C에 넣거나 주머니 A에서 흰 공 1개, 검은 공 1개, 주머니 B에서 흰 공 2개를 꺼내어 주머니 C에 넣어야 한다. 또한 주머니 A에서 흰 공 2개를 꺼내고, 다시 주머니 A에서 흰 공 1개, 검은 공 1개를 꺼내어 주머니 C에 넣거나 주머니 A에서 흰 공 1개, 검은 공 1개를 꺼내고 흰 공 2개를 꺼내어 주머니 C에 넣어야 한다.

따라서 그 확률은

$$\frac{1}{3}\times\frac{{}_3C_2}{{}_5C_2}\times\frac{2}{3}\times\frac{{}_2C_2\times {}_2C_1}{{}_4C_2}\times 2$$

$$+\frac{1}{3}\times\frac{{}_3C_1\times {}_2C_1}{{}_5C_2}\times\frac{2}{3}\times\frac{{}_2C_2}{{}_4C_2}\times 2$$

$$+\frac{1}{3}\times\frac{{}_3C_2}{{}_5C_2}\times\frac{1}{3}\times\frac{{}_1C_1\times {}_2C_1}{{}_3C_2}$$

$$+\frac{1}{3}\times\frac{{}_3C_1\times {}_2C_1}{{}_5C_2}\times\frac{1}{3}\times\frac{{}_2C_2}{{}_3C_2}$$

$$=\frac{1}{3}\times\frac{3}{10}\times\frac{2}{3}\times\frac{4}{6}\times 2+\frac{1}{3}\times\frac{6}{10}\times\frac{2}{3}\times\frac{1}{6}\times 2$$

$$+\frac{1}{3}\times\frac{3}{10}\times\frac{1}{3}\times\frac{2}{3}+\frac{1}{3}\times\frac{6}{10}\times\frac{1}{3}\times\frac{1}{3}$$

$$=\frac{4}{45}+\frac{2}{45}+\frac{1}{45}+\frac{1}{45}=\frac{8}{45}$$

ⅰ), ⅱ)에서 구하는 확률은 $\dfrac{1}{45}+\dfrac{8}{45}=\dfrac{1}{5}$이다.

$\therefore\ p+q=6$

1. ④	2. ①	3. ②	4. ②
5. 34	6. 16		

1. 경우의 수
정답 ④

문제 다시 보기

네 명의 학생에게 흰 공 5개와 검은 공 4개를 다음 조건을 만족시키도록 남김없이 나누어 주는 경우의 수는?

(단, 같은 색의 공은 서로 구별이 되지 않는다.)

(가) 각 학생은 흰 공 또는 검은 공을 적어도 1개 받는다.
(나) 흰 공을 4개 이상 받은 학생이 있다.

① 130 ② 132 ③ 134 ④ 136 ⑤ 138

ⅰ) 흰 공을 4개/1개/0개/0개로 나누어 주는 경우
흰 공을 4개, 1개씩 받을 학생을 선택하는 경우의 수는
$_4\mathrm{P}_2 = 12$
흰 공을 받지 않은 2명의 학생에게 먼저 검은 공을 1개씩 준 후 나머지 검은 공 2개를 4명에게 나누어 주는 경우의 수는 $_4\mathrm{H}_2 = {_5}\mathrm{C}_2 = 10$
$\Rightarrow 12 \times 10 = 120$

ⅱ) 흰 공을 5개/0개/0개/0개로 나누어 주는 경우
흰 공을 5개 받을 학생을 선택하는 경우의 수는 $_4\mathrm{P}_1 = 4$
흰 공을 받지 않은 3명의 학생에게 먼저 검은 공을 1개씩 준 후 나머지 검은 공 1개를 4명에게 나누어 주는 경우의 수는
$_4\mathrm{H}_1 = {_4}\mathrm{C}_1 = 4$
$\Rightarrow 4 \times 4 = 16$

ⅰ), ⅱ)에 의하여 구하는 경우의 수는 $120 + 16 = 136$이다.

2. 확률
정답 ①

문제 다시 보기

다음은 어느 학교 전체 학생 200명을 대상으로 등교 시 마스크 착용 여부를 조사한 표이다.

(단위 : 명)

구분	마스크 착용	마스크 미착용	합계
남학생	x	y	120
여학생	$135 - x$	$65 - y$	80

이 학교에서 임의로 선택한 1명이 남학생일 사건을 A, 마스크를 착용한 학생일 사건을 B라 하자. 두 사건 A, B가 서로 독립일 때, $x - y$의 값은?

① 42 ② 43 ③ 44 ④ 45 ⑤ 46

두 사건 A와 B가 서로 독립이므로
$\mathrm{P}(A \cap B) = \mathrm{P}(A) \times \mathrm{P}(B)$에서
$\dfrac{x}{200} = \dfrac{120}{200} \times \dfrac{135}{200}$, 즉 $x = 81$이다.
따라서 $x + y = 120$에서 $y = 39$이다.
$\therefore x - y = 81 - 39 = 42$

3. 통계
정답 ②

문제 다시 보기

1, 1, 2, 4, 5가 각각 하나씩 적혀 있는 5개의 공이 들어 있는 주머니에서 동시에 2개의 공을 임의로 꺼내어 꺼낸 공에 적힌 수의 차를 확인한 후 다시 넣는다. 이와 같은 시행을 20번 반복하여 확인한 20개의 차의 합을 확률변수 X라 할 때, $\mathrm{V}(X)$의 값은?

① 44 ② $\dfrac{176}{5}$ ③ $\dfrac{132}{5}$ ④ $\dfrac{88}{5}$ ⑤ $\dfrac{44}{5}$

주머니에서 꺼낸 2개의 공에 적힌 수의 차를 확률변수 Y라 하자.

두 수의 차가

$0 = 1 - 1$일 확률은 $\dfrac{_2\mathrm{C}_2}{_5\mathrm{C}_2} = \dfrac{1}{10}$,

$1 = 2 - 1 = 5 - 4$일 확률은 $\dfrac{_1\mathrm{C}_1 \times {_2}\mathrm{C}_1 + {_1}\mathrm{C}_1 \times {_1}\mathrm{C}_1}{_5\mathrm{C}_2} = \dfrac{3}{10}$,

$2 = 4 - 2$일 확률은 $\dfrac{1}{10}$,

$3 = 4 - 1 = 5 - 2$일 확률은 $\dfrac{{}_1C_1 \times {}_2C_1 + {}_1C_1 \times {}_1C_1}{{}_5C_2} = \dfrac{3}{10}$,

$4 = 5 - 1$일 확률은 $\dfrac{2}{10}$이므로

Y의 확률분포는 다음 표와 같다.

Y	0	1	2	3	4	합계
$P(Y=y)$	$\dfrac{1}{10}$	$\dfrac{3}{10}$	$\dfrac{1}{10}$	$\dfrac{3}{10}$	$\dfrac{2}{10}$	1

따라서

$$E(Y) = 0 \times \dfrac{1}{10} + 1 \times \dfrac{3}{10} + 2 \times \dfrac{1}{10} + 3 \times \dfrac{3}{10} + 4 \times \dfrac{2}{10}$$

$$= \dfrac{11}{5}$$

이고

$$E(Y^2) = 0^2 \times \dfrac{1}{10} + 1^2 \times \dfrac{3}{10} + 2^2 \times \dfrac{1}{10} + 3^2 \times \dfrac{3}{10} + 4^2 \times \dfrac{2}{10}$$

$$= \dfrac{33}{5}$$

이므로

$$V(Y) = \dfrac{33}{5} - \left(\dfrac{11}{5}\right)^2 = \dfrac{44}{25}$$이다.

이때 이 모집단에서 크기가 20인 표본을 임의추출하여 구한

표본평균을 $\overline{Y}$라 하면 $V(\overline{Y}) = \dfrac{V(Y)}{20}$이다.

$$\therefore V(X) = V(20\overline{Y}) = 20^2 \times V(\overline{Y})$$

$$= 20V(Y) = \dfrac{176}{5}$$

4. 확률   정답 ②

문제 다시 보기

다음 조건을 만족시키는 좌표평면 위의 9개의 점 (p, q)가 있다. 이 9개의 점 중에서 임의로 선택한 두 점을 지나는 직선을 l_1이라 하고, 남은 7개의 점 중에서 임의로 선택한 두 점을 지나는 직선을 l_2라 하자. 두 직선 l_1, l_2가 한 점에서만 만나거나 두 직선 l_1, l_2의 기울기의 곱이 1일 확률은?

(가) p, q는 자연수이다.
(나) $1 \le p \le 3$, $1 \le q \le 3$

① $\dfrac{157}{189}$ ② $\dfrac{160}{189}$ ③ $\dfrac{163}{189}$ ④ $\dfrac{166}{189}$ ⑤ $\dfrac{169}{189}$

두 직선 l_1, l_2가 한 점에서만 만나는 사건을 A,

두 직선 l_1, l_2의 기울기의 곱이 1인 사건을 B라 하자.

구하는 확률은 $P(A \cup B)$이고 이 확률은 $1 - P(A^C \cap B^C)$,

즉

$1 -$ (두 직선 l_1, l_2가 평행하면서 기울기의 곱이 1이 아닐

확률)

로 구할 수 있다.

이때 전체 경우의 수는 ${}_9C_2 \times {}_7C_2 = 36 \times 21$이다.

i) 직선 l_1이 x축 또는 y축에 평행한 경우

첫 번째로 선택한 두 점이 놓일 수 있는 직선은 6개이고,
각 직선 위에 3개의 점이 있으므로
첫 번째로 두 점을 선택하는 경우의 수는
${}_6C_1 \times {}_3C_2 = 18$이다.
직선 l_2가 직선 l_1과 평행하도록 두 번째로 두 점을
선택하는 경우의 수는 ${}_2C_1 \times {}_3C_2 = 6$이다.

따라서 이때의 확률은 $\dfrac{18 \times 6}{36 \times 21} = \dfrac{1}{7}$이다.

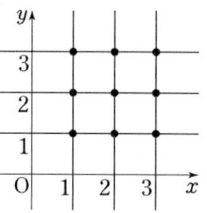

ii) |직선 l_1의 기울기|가 $\dfrac{1}{2}$ 또는 2인 경우

직선 l_1으로 가능한 직선은 8개이고, 각 직선 위에
2개의 점이 있으므로
첫 번째로 두 점을 선택하는 경우의 수는
${}_8C_1 \times {}_2C_2 = 8$이다.
직선 l_2가 직선 l_1과 평행하도록 두 번째로 두 점을
선택하는 경우의 수는 ${}_1C_1 \times {}_2C_2 = 1$이다.

따라서 이때의 확률은 $\dfrac{8 \times 1}{36 \times 21} = \dfrac{2}{189}$이다.

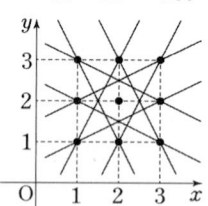

i), ii)에 의하여 구하는 확률은

$1 - \left(\dfrac{1}{7} + \dfrac{2}{189}\right) = 1 - \dfrac{29}{189} = \dfrac{160}{189}$이다.

문제 다시 보기

이산확률변수 X의 확률질량함수가

$$P(X=x) = ax^2 + b \ (x=0, 1, 2)$$

이다. $E\left(\dfrac{X}{a}\right) = 13$일 때, $P(X=1)$이 $\dfrac{q}{p}$일 때, $p+q$의 값을 구하시오. (단, a, b는 상수이고, p와 q는 서로소인 자연수이다.)

확률변수 X의 확률분포를 표로 나타내면 다음과 같다.

X	0	1	2	계
$P(X=x)$	b	$a+b$	$4a+b$	1

확률의 총합은 1이므로 $5a+3b=1$ ······ ㉠

$E(X) = a+b+2(4a+b) = 9a+3b$이므로

$$E\left(\dfrac{X}{a}\right) = \dfrac{1}{a}E(X) = 9 + \dfrac{3b}{a} = 13$$

$\Rightarrow 3b = 4a$ ······ ㉡

㉡을 ㉠에 대입하면

$$a = \dfrac{1}{9}, \ b = \dfrac{4}{27}$$

$$\therefore \ P(X=1) = a+b = \dfrac{7}{27}$$

문제 다시 보기

두 집합 $X = \{1, 2, 4, 6, 8, 10\}$, $Y = \{2, 3, 4, 6, 8\}$에 대하여 다음 조건을 만족시키는 함수 $f: X \to Y$의 개수를 구하시오.

(가) x가 짝수이면 $f(x)$도 짝수이다.
(나) $x_1 < x_2$이면 $f(x_1) \leq f(x_2)$이다.
(다) 함수 f의 치역의 원소 개수는 4이다.

ⅰ) f의 치역이 $\{2, 4, 6, 8\}$인 경우

2, 4, 6, 8에서 중복을 허락하여 6개를 택하되 2, 4, 6, 8은 각각 적어도 한 개씩 포함하도록 택한 다음, 크지 않은 값부터 순서대로 $f(1)$, $f(2)$, $f(4)$, $f(6)$, $f(8)$, $f(10)$의 값으로 정하면 된다. 이 경우의 수는

$$_4H_{6-4} = {}_4H_2 = {}_5C_2 = 10$$

ⅱ) f의 치역이 $\{3, 4, 6, 8\}$인 경우

4, 6, 8에서 중복을 허락하여 5개를 택하되 4, 6, 8은 각각 적어도 한 개씩 포함하도록 택한 다음, 크지 않은 값부터 순서대로 $f(2)$, $f(4)$, $f(6)$, $f(8)$, $f(10)$의 값으로 정하면 된다. 이때 $f(1)=3$이어야 하므로 이 경우의 수는 $_3H_{5-3} = {}_3H_2 = {}_4C_2 = 6$

ⅲ) f의 치역이 $\{2, 3, 6, 8\}$, $\{2, 3, 4, 8\}$, $\{2, 3, 4, 6\}$인 경우

조건 (다)에 의하여 $f(1)=3$이어야 하고 $f(x)=2$가 되는 짝수 x가 존재하므로 조건 (나)를 만족시키는 함수 f는 존재하지 않는다.

ⅰ)~ⅲ)에서 구하는 함수 $f: X \to Y$의 개수는

$10 + 6 = 16$이다.

1. ②	2. ③	3. ①	4. ②
5. 10	6. 224		

1. 통계

정답 ②

문제 다시 보기

어느 지역에서 재배되는 방울토마토의 무게는 평균이 m이고 표준편차가 8인 정규분포를 따른다고 한다. 이 지역에서 임의로 선택한 방울토마토의 무게가 $2m$ 이하일 확률이 0.9938일 때, 이 지역에서 임의로 선택한 방울토마토의 무게가 12 이상이고 32 이하일 확률을 오른쪽 표준정규분포표를 이용하여 구한 것은?

(단, 무게의 단위는 g이다.)

z	$P(0 \le Z \le z)$
1.0	0.3413
1.5	0.4332
2.0	0.4772
2.5	0.4938

① 0.6826 ② 0.7745 ③ 0.8185 ④ 0.9104 ⑤ 0.9270

이 지역에서 재배되는 방울토마토의 무게를 확률변수 X라 하면 X는 정규분포 $N(m, 8^2)$을 따른다.

이때, $Z = \dfrac{X-m}{8}$ 이라 하면 확률변수 Z는 표준정규분포 $N(0, 1)$을 따른다.

$P(X \le 2m) = P\left(Z \le \dfrac{m}{8}\right) = 0.9938$에서 $\dfrac{m}{8} = 2.5$

$\Rightarrow m = 20$

$\therefore P(12 \le X \le 32) = P(-1 \le Z \le 1.5)$
$= 0.3413 + 0.4332 = 0.7745$

2. 경우의 수

정답 ③

문제 다시 보기

다음 조건을 만족시키는 세 자연수 a, b, c의 모든 순서쌍 (a, b, c)의 개수는?

(가) $\log_2 a + \log_2 b + \log_2 c = 6$
(나) $a + b \ge 3$

① 25 ② 26 ③ 27 ④ 28 ⑤ 29

조건 (가)에서 $\log_2 a + \log_2 b + \log_2 c = \log_2 abc = 6$이므로 $abc = 2^6$

a, b, c가 자연수이므로 음이 아닌 정수 α, β, γ에 대하여

$a = 2^\alpha$, $b = 2^\beta$, $c = 2^\gamma$

이라 하면 $abc = 2^{\alpha + \beta + \gamma} = 2^6$에서

$\alpha + \beta + \gamma = 6$ ......㉠

또한 조건 (나)에서

$a + b = 2^\alpha + 2^\beta \ge 3$이므로 $\alpha = \beta = 0$일 수 없다.

따라서 ㉠을 만족시키는 음이 아닌 정수 α, β, γ의 모든 순서쌍 (α, β, γ)에서 $\alpha = \beta = 0$인 경우를 제외하면 된다.

즉, 구하는 세 자연수 a, b, c의 모든 순서쌍 (a, b, c)의 개수는 $_3H_6 - 1 = {}_8C_6 - 1 = 28 - 1 = 27$이다.

3. 통계

정답 ①

문제 다시 보기

정규분포를 따르는 어떤 모집단에서 크기가 n인 표본을 임의추출하여 신뢰도 $\alpha\%$로 추정한 모평균의 신뢰구간의 길이를 l이라 하자. 같은 모집단에서 크기가 $n \times 5^k$ (k는 자연수)인 표본을 임의추출하여 신뢰도 $\alpha\%$로 추정한 모평균의 신뢰구간의 길이를 d_k라 하면 $\displaystyle\sum_{k=1}^{\infty} d_{2k} = 5$이다. l의 값은?

① 20 ② 21 ③ 22 ④ 23 ⑤ 24

표준정규분포를 따르는 확률변수 Z에 대하여

$P(|Z| \le p) = \dfrac{\alpha}{100}$ (p는 상수)라고 할 때,

신뢰도 $\alpha\%$로 추정한 모평균의 신뢰구간의 길이 l은

$l = 2p \dfrac{\sigma}{\sqrt{n}}$ (σ는 모표준편차)이다.

크기가 $n \times 5^k$인 표본을 임의추출하여 같은 신뢰도로 추정한 신뢰구간의 길이 d_k는

$d_k = 2p \dfrac{\sigma}{\sqrt{n \times 5^k}} = \dfrac{l}{\sqrt{5^k}}$ 이다.

따라서 $d_{2k} = \dfrac{l}{\sqrt{5^{2k}}} = \dfrac{l}{5^k}$ 이므로

$\displaystyle\sum_{k=1}^{\infty} d_{2k} = \sum_{k=1}^{\infty} \dfrac{l}{5^k} = l \times \dfrac{\dfrac{1}{5}}{1 - \dfrac{1}{5}} = \dfrac{l}{4} = 5$

$\therefore l = 20$

문제 다시 보기

주머니 A에는 1, 2, 3의 숫자가 하나씩 적혀 있는 흰 공 3개가 들어 있고, 주머니 B에는 2, 3, 4의 숫자가 하나씩 적혀 있는 검은 공 3개가 들어 있다. 주머니 A와 B에서 각각 임의로 2개의 공을 동시에 꺼내어 이 4개의 공을 임의로 일렬로 나열하고, 나열된 순서대로 공에 적혀 있는 수를 a, b, c, d라 할 때, $a < b \le c < d$일 확률은?

① $\dfrac{1}{24}$　　② $\dfrac{5}{108}$　　③ $\dfrac{11}{216}$　　④ $\dfrac{1}{18}$　　⑤ $\dfrac{13}{216}$

$a < b \le c < d$로 가능한 a, b, c, d의 순서쌍은
$(1, 2, 2, 3)$, $(1, 2, 2, 4)$, $(1, 2, 3, 4)$, $(1, 3, 3, 4)$, $(2, 3, 3, 4)$이다.

ⅰ) $(1, 2, 2, 3)$, $(1, 2, 2, 4)$, $(1, 3, 3, 4)$, $(2, 3, 3, 4)$인 경우
　각각의 경우 주머니 A, B에서 뽑은 두 개의 공에 적힌 수는
　$(1, 2, 2, 3)$인 경우 A : 1, 2, B : 2, 3
　$(1, 2, 2, 4)$인 경우 A : 1, 2, B : 2, 4
　$(1, 3, 3, 4)$인 경우 A : 1, 3, B : 3, 4
　$(2, 3, 3, 4)$인 경우 A : 2, 3, B : 3, 4
　가 되어야 하므로 각각의 경우 주머니 A, B에서 공을 뽑을 확률은
　$\dfrac{1}{{}_3\mathrm{C}_2} \times \dfrac{1}{{}_3\mathrm{C}_2} = \dfrac{1}{9}$이다.
　한편 x, y, y, z $(x < y < z)$가 적힌 4개의 공을 임의로 일렬로 나열할 때, x, y, y, z의 순서대로 나열할 확률은 $\dfrac{2}{4!} = \dfrac{1}{12}$이다.
　즉, 구하는 확률은 $4 \times \dfrac{1}{9} \times \dfrac{1}{12} = \dfrac{1}{27}$이다.

ⅱ) $(1, 2, 3, 4)$인 경우
　주머니 A에서 1, 2가 적힌 공을 뽑고, 주머니 B에서 3, 4가 적힌 공을 뽑거나
　주머니 A에서 1, 3이 적힌 공을 뽑고, 주머니 B에서 2, 4가 적힌 공을 뽑아야 하므로
　주머니 A, B에서 공을 뽑을 확률은
　$\left(\dfrac{1}{{}_3\mathrm{C}_2} \times \dfrac{1}{{}_3\mathrm{C}_2}\right) + \left(\dfrac{1}{{}_3\mathrm{C}_2} \times \dfrac{1}{{}_3\mathrm{C}_2}\right) = \dfrac{2}{9}$이다.
　한편 1, 2, 3, 4가 적힌 4개의 공을 임의로 일렬로 나열할 때, 1, 2, 3, 4의 순서대로 나열할 확률은 $\dfrac{1}{4!} = \dfrac{1}{24}$이다.
　즉, 구하는 확률은 $\dfrac{2}{9} \times \dfrac{1}{24} = \dfrac{1}{108}$이다.

ⅰ), ⅱ)에 의하여 구하는 확률은
$\dfrac{1}{27} + \dfrac{1}{108} = \dfrac{5}{108}$

문제 다시 보기

주머니에 1부터 7까지의 자연수가 각각 하나씩 적혀 있는 7개의 공이 있다. 이 주머니에서 임의로 2개의 공을 동시에 꺼낼 때, 꺼낸 두 공에 적힌 수의 합이 짝수일 확률은 $\dfrac{q}{p}$이다. $p+q$의 값을 구하시오. (단, p와 q는 서로소인 자연수이다.)

주머니에서 2개의 공을 동시에 꺼내는 경우의 수는
$${}_7\mathrm{C}_2 = \dfrac{7 \times 6}{2} = 21$$
꺼낸 두 공에 적힌 수의 합이 짝수인 경우는 두 공에 적힌 수가 모두 홀수이거나 모두 짝수이다.
두 공에 적힌 수가 모두 홀수인 경우의 수는
$${}_4\mathrm{C}_2 = \dfrac{4 \times 3}{2} = 6$$
이고, 두 공에 적힌 수가 모두 짝수인 경우의 수는
$${}_3\mathrm{C}_2 = {}_3\mathrm{C}_1 = 3$$
이므로 구하는 확률은
$\dfrac{6}{21} + \dfrac{3}{21} = \dfrac{3}{7}$이므로
$p + q = 10$

문제 다시 보기

그림과 같이 한 변의 길이가 1인 정사각형 16개로 이루어진
도로망이 있다. 이 도로망을 따라서 A지점에서 B지점까지
이동할 때, 이동한 거리가 10인 경우의 수를 구하시오.
　　　　　　　(단, 한 번 지나간 도로는 다시 지나지 않는다.)

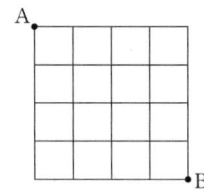

A지점부터 B지점까지 최단거리는 8이므로

이동한 거리가 10이기 위해서는

(오른쪽으로 5번, 왼쪽으로 1번, 아래쪽으로 4번)

이동하거나

(오른쪽으로 4번, 위쪽으로 1번, 아래쪽으로 5번)

이동해야 한다.

오른쪽으로 이동한 것을 →,

왼쪽으로 이동한 것을 ←,

위쪽으로 이동한 것을 ↑,

아래쪽으로 이동한 것을 ↓으로 나타내어 생각하자.

ⅰ) →, →, →, →, →, ←, ↓, ↓, ↓, ↓을 나열하는 경우

　　한 번 지나간 도로는 다시 지날 수 없으므로

　　→과 ←은 서로 이웃하여 나열될 수 없다.

　　즉, ←의 양 옆에는 반드시 ↓을 나열해야 한다.

　　예를 들어 →, ↓, ←, ↓, →, →, →, →과 같은 배열에서

　　↓을 2개 더 추가하여 배열해야 하므로

　　(↓, ←, ↓)를 a라 하고, →를 b, ↓를 c라 할 때

　　a가 양 끝에 있지 않도록 a, b, b, b, b, b를 나열하고

　　2개의 c를 추가하여 나열하는 경우의 수를 세어주면

　　된다.

　　먼저 a, b, b, b, b, b를 일렬로 나열하는 경우의 수는

　　$\dfrac{6!}{5!}=6$이고

　　a가 왼쪽 또는 오른쪽 끝에 있도록 나열하는 경우의

　　수는 2이므로

　　a가 양 끝에 있지 않도록 a, b, b, b, b, b를 나열하는

　　경우의 수는 $6-2=4$

　　한편, a와 b를 모두 한 문자 d로 보고

　　d, d, d, d, d, d, c, c를 일렬로 나열하는 경우의 수는

　　$\dfrac{8!}{6!\times 2!}=28$이므로

　　ⅰ)의 경우의 수는 $4\times 28=112$이다.

ⅱ) →, →, →, →, ↑, ↓, ↓, ↓, ↓, ↓을 나열하는 경우

　　ⅰ)과 마찬가지로 생각하면 그 경우의 수는 112이다.

ⅰ), ⅱ)에서 구하는 경우의 수는 $112+112=224$이다.

MEMO

MEMO